見證時代

王昇近身參謀王耀華

訪談及回憶錄

蘇聖雄——主編
中央研究院近代史研究所副研究員

王耀華——著

照片集

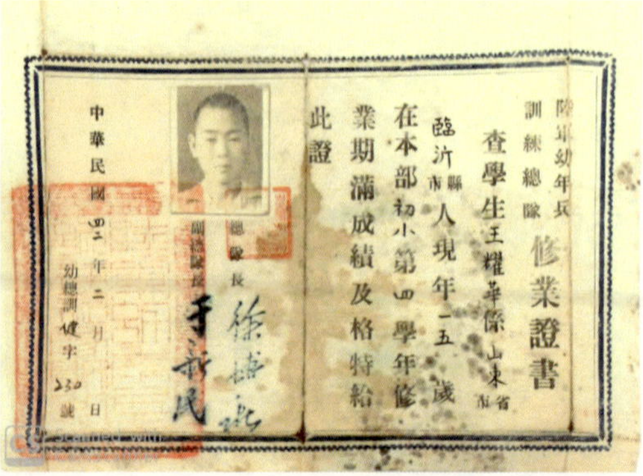

陸軍幼年兵訓練總隊 修業證書

查學生王耀華係山東省臨沂縣人現年一五歲在本部初小第四學年修業期滿成績及格特給此證

總隊長

副總隊長 于新民

中華民國四二年二月 日

幼總訓健字230號

左上：王耀華擔任幼年兵時
右上：幼年兵修業證書
下：王耀華晉升上校王昇授階

上：王耀華與巴國總統
　　暨高級將領合影
中：王耀華於九三軍人
　　節迎接巴國將領
下：在巴國王耀華陪同
　　王昇在郊外戲水

上左：九三軍人節王耀華及夫人與王昇合影
上右：王昇任政戰部主任時
　下：王耀華與中華民國在巴國受訓的學員於軍人節合影

上：王耀華歡迎參謀總長賴名湯訪巴國
下：王耀華歡迎國防部長宋長志來巴國送暖

上：歡迎參謀總長郝柏村訪巴國
下：歡迎參謀總長陳燊齡訪巴國

民國73年2月3日巴拉圭東方市中正公園開幕典禮：
王昇大使邀請東方市皇后舞蹈學苑苑長周鴻蘭女士，帶領當地小朋友們表演民族舞蹈。巴拉圭總統Alfredo Stroessner於典禮中發送紅包給周鴻蘭苑長，王昇大使在最右側。

上：民國89年12月12日中華民國團結自強學會創會20週年，協助該會出力甚多的前國防部總政戰部主任王昇上將（左2）到場祝賀

下：王昇華誕，與老師們合影

上：王耀華陪伴雙親遊橫貫公路
下：王耀華陪同王昇參訪雲南

上：王耀華與夫人參訪山東
下：王耀華全家福

歷史的見證者：王耀華眼中的王昇與臺灣政治

郭岱君
史丹佛大學胡佛研究院研究員

王耀華先生是我敬愛的「王大哥」。一九五三年，他和一群幼年兵來到北投政工幹校教導大隊就讀，我媽媽是他們的數學和國文老師。後來，他們進入大專部，又成為我爸爸的學生。

這些孩子大多是在戰亂中跟隨部隊來臺的孤兒或半孤兒，當時大家都很窮，放假時他們無處可去，常聚在我家。媽媽會為他們縫補衣物，做蛋炒飯，加幾根青菜，其樂融融，如同親人。進入大專部後，他們每月領到幾塊錢，會買餅乾和糖果給我和弟妹，我曾得到一雙紅色的小皮鞋。年幼時不懂事，長大後才明白，為了那雙小紅鞋，他們不知勒緊褲帶，節省了多少個月的花費。畢業後，他們被派任到不同單位，但數十年來，每逢年節，哥哥們仍會來看望爸媽，聚會時也常邀請我們參加。

王耀華大哥特別熱心助人，總是笑容滿面。他的職業生涯極為特別，一生幾乎只擔任一個工作：王昇先生的參謀。從少尉到上校，從軍中參謀到駐外使館武官，無論職稱如何變化，他始終在王昇先生身邊，深受信任，既是長官部屬，也親如家人。

王昇先生在二〇〇六年去世，大約在二〇〇八年一次聚會中，我提到王昇先生一生事業艱辛且極具重要性，由於性質特殊，難免引起坊間誤解或疑忌，多年來他從未為自己辯解，多少有些遺憾。他的私人文件極具學術研究價值，若能在胡佛檔案館公開，不僅有助於研究臺灣軍事及政治發展，也能讓世人更客觀地了解王昇先生在臺灣軍事及政治上的心志與貢獻。王耀華大哥聽了默不作聲，我明白這些文件相當敏感，是否捐贈並公開需要王家後人的深思熟慮，我願耐心等待。

三年後的二〇一一年秋，終於有了回應。王大哥告訴我，他也認為胡佛檔案館是王昇先生文件最好的歸處，並已和王昇先生長子王公天達成共識。文件他已大致整理好，將安排我與王公天先生直接洽談。

二〇一二年初，我在臺北與王公天先生見面，熱切介紹了胡佛研究院檔案及研究的專業與實力，並詢問王家的想法或條件。通常家屬捐贈檔案文件會提出一些要求，如經費補償、協助宣傳或部分文件暫不公開等。沒想到，王公天先生非常大氣爽快，同意將父親的日記及文件捐贈給胡佛研究院，不需要任何補償或宣傳，家屬僅保留出版權和家庭隱私的諮詢權。

二〇一二年七月十一日，王公天先生攜夫人、兒女和女婿親訪胡佛，詳細了解檔案館的設備及作業流程，捐贈事宜就此敲定。王家慷慨大度，誠意滿滿，胡佛檔案館也不敢疏忽。一個月後，所有文件運抵胡佛，包括一九五〇－二〇〇〇年的日記以及若干公務文件。早年的日記已發霉蟲蛀，檔案館人員進行了消毒、除霉、掃描和分類整理，很快在二〇一三年對外開放。

了解一九五〇年後臺灣政治發展的人都知道，王昇先生深得蔣經國信任，長期主掌軍中思想、情報工作，歷任要職。他奉蔣經國之命創辦政工幹校（後改為政治作戰學校，現為國防大學政治作戰學院），建立軍中政戰制度，擔任總政治作戰部主任，晉升二級上將；後當選國民黨中常委，躋身中央決策核心。一九七九年，為應對中共統戰攻勢，蔣經國命其成立並主持黨政軍聯合作戰反統戰組織「劉少康辦公室」，影響力觸及國安、外交、新聞、文化等領域。

此外，從六〇年代起，臺灣一些著名政治事件，如臺大哲學系事件、中壢事件、余登發事件、美麗島事件、林宅血案、南海血書、林毅夫叛逃、江南案等，王昇先生或參與其中或了解其貌。他還參與並主導劉少康辦公室的工作，對臺灣政治發展有著深遠影響。顯而易見，王昇檔案對理解臺灣政治發展極有價值。

二〇二一年，我進一步鼓勵王耀華大哥接受中央研究院近史所的口述歷史訪談，王大哥欣然同意。一同接受訪談的還有王大哥的同窗好友楊明恒大哥，他也參與了「劉少康辦公室」的工作。

王耀華大哥追隨王昇先生四十多年，他的近身觀察和感受，實為上述重大政治事件及許多不為人知的大小事項最真實生動的紀錄。例如，王昇先生將中華民國國軍政工制度的經驗與其他國家分享，在政戰學校成立「遠朋班」，亞洲和中南美邦交國多次派人前來研習。結業回國後，這些學員確實改善了各自國家軍隊的腐化和共黨顛覆問題。遠朋班學員對臺灣印象極好，不少陸續擔任該國軍政要職，成為鞏固邦交的重要基石。一九八六年，我因公訪問中南美六個國家，所到之處，遠朋班學員無不熱情接待，對臺灣的深厚感情溢於言表。

政戰工作雖然容易引發爭議，但在保障國家安全、防護國軍身心健康、疏導思想情感等方面，確實發揮了積極的作用。當年，臺灣社會經濟尚處於初步發展階段，無論軍中或民間，生活所需樣樣缺乏，因此，王昇先生創辦了許多服務軍民的項目，如「連隊書箱」（相當於部隊中的小圖書室）、「隨營補習」制度、「軍眷住宅合作社」（為軍眷蓋房子，成功新村、大安新村都是這個合作社蓋的）、「軍人福利社」（後來擴展到每個鄉鎮的「軍公教福利中心」）、開辦「國軍英雄館」及「國軍文藝活動中心」、協助士兵免費配眼鏡裝假牙、鼓勵部隊助民收割、設立軍中樂園等。這些舉措對軍中士氣與民心穩定至關重要；而且，它們看似瑣碎，卻正是王昇先生心繫軍民、身體力行的最佳體現。

此外，王昇先生在軍事情報及反統戰方面的貢獻亦不容忽視。他創辦了「心廬」、「石牌訓練班」、以及他主持的「劉少康辦公室」，儘管這些單位為臺灣反制中共統戰、維護臺灣治安提供了堅實的基礎，但也給他招來非議。還有轟動臺灣社會的林宅血案與陳文成案，多年來坊間傳言暗指王昇涉入。

對於這些重要事件，王大哥在訪談中毫不避諱，坦誠直言，為我們揭開了許多不為人知的幕後真相。特別值得一提的是「劉少康辦公室」。這個單位素來蒙上一層神祕面紗，論者或稱之為「太上中常會」，視之為迫害臺灣人權的組織之一。透過王大哥的訪談可以知道，這個單位其實比較接近「智庫」，其成立背景是中共改革開放後，在國際打壓臺灣空間，對臺灣展開統戰工作。劉少康辦公室的目標是對中共的反統戰，成員只有二十人左右，多數是兼職，來自各單位，一起發想如何面對中共的統戰。辦公室所有提案，都要經過國民黨中央通過，由黨中央交辦實行，沒有想像中那麼大的權力，更不可能去指揮特務機構。王大哥的說明提醒了我們，過去人云亦云的傳聞，可能只是敵對政治團體的刻意攻擊，未經學術論證則不宜輕信。總之，王先生的訪談與回憶不僅為研究臺灣政治發展提供了寶貴的第一手資料，也促使我們面對歷史時更加冷靜、理性。

隨著時間的推移，許多事件的真相逐漸浮出水面，而王耀華大哥的訪談回憶，為我們提供了一個重要的視角，讓我們更加全面地理解臺灣政治的發展軌跡。這段歷史，因其真實、深刻，而顯得尤為珍貴。

主編序

中央研究院近代史研究所副研究員
蘇聖雄

王耀華先生，一九四〇年生於山東費縣。國共內戰時逃難臺灣，進入鳳山幼年兵總隊，旋進入政工幹校教導大隊。一九五九年考入政工幹校新聞系，一九六三年畢業後留校任十三、十四期入伍生連教育班長、排長，從此與王昇結緣。一九六五年進入國防部反情報總隊，任反情報官；一九六九年轉入國防部總政戰部，陸續擔任政戰官、新聞官、政參官、政計會助理委員、總政戰部行政室副主任。上述職務多為掛職，實際上一直在王昇先生身邊，任王昇辦公室參謀。一九八三年調國防部聯訓部主任隨員室主任，同年改調駐巴拉圭武官處副武官。一九八八年停役轉任入出境管理局專員，派駐美國休士頓。一九九三年於政府退休後，進入中華電視臺，歷任管理部協理、業務部經理。在華視八年後辭去高薪，協助王昇管理財團法人促進中國現代化學術研究基金會會務。

王耀華先生擔任王昇參謀近四十年，近身目睹王昇在政戰工作和巴拉圭外交的種種作為，以及王昇在重大政治案件的反應，如余登發事件、中壢事件、美麗島事件、江南案等。對於劉少康辦公室運作實況，亦記憶猶新。

透過郭岱君教授的引見，中央研究院近代史研究所執行「劉少康辦公室」口述歷史訪談計畫，王耀華先生是主要受訪者。計畫蒙國史館陳儀深館長支持，提供會議室，並派時任國史館協修的葉亭葶女士陪訪。自二〇二一年一月開始，迄次年十月結束，共訪談六次。本人為主訪者，訪問前先行研讀相關史料及二手研究；訪問時針對關鍵性議題，反覆詢問，俾追求歷史真相。

戰後臺灣政治史的發展，中國國民黨從中國大陸到臺灣的變遷是一重要脈絡，可稱作「體制內」脈絡；相對於此，體制外的反威權統治運動，亦推進歷史發展，係另一重要脈絡，可稱作「黨外」或「體制外」脈絡。體制內與體制外的黨外的人士，有著不同歷史記憶，相互站在對立面。黨外人士多為土生土長的臺灣人，批評中國國民黨為外來政權，把持權力，威權統治，白色恐怖，剝削臺灣人民，打壓人民集會與結社自由。而體制內人士多經歷從中國大陸敗退臺灣的艱辛，認為國家遭遇危難，有必要加強安全，在穩定中求繁榮進步。隨著臺灣民主化的快速進展，「體制內」人士的聲音和歷史詮釋逐漸淹沒。王耀華先生的訪談基本上反映了體制內人士的觀點。體制內與黨外的人士，生長經驗不同，歷史記憶不同，雖然他們立場各異，但為自己的生命與這塊土地的努力則相一致。

王昇是「體制內」的重要人士，歷任軍中要職，特別是長期主掌軍中思想、保防、情報工作，其思維與生平事蹟應足以為研究戰後臺灣政治史研究者參考。王耀華先生長期隨侍王昇，王昇信任他，視他為部屬、親人，他的訪談呈現王昇不為人知的一面，也對若干敏感事件提出理解的線索。

本書分兩部分，第一部分為王耀華先生的訪談紀錄，第二部分是王耀華先生所寫對王昇的回憶文字。這些內容除了呈現個人感懷，也突顯了臺灣國軍政工、軍事制度、民主發展、外交活動等歷史事實，為臺灣政治發展史留下珍貴資料。

目次

時代見證者

王耀華先生訪問紀錄

王耀華近照

訪問　蘇聖雄　中央研究院近代史研究所副研究員
陪訪　葉亭葶　國立中正大學歷史學系助理教授
紀錄　林東璟　中央研究院近代史研究所約聘助理
時間　二〇二一年一月十四、二十七日、三月十七日、十二月三日
　　　二〇二二年四十九日、十月五日
地點　國軍英雄館軍友餐廳、國史館會客室

從山東到臺灣

山東游擊隊

我出生於一九四〇年，父親學歷是山東省臨沂師範畢業，是個讀書人，認識字。他在家鄉當鄉長，一有錢就買槍，擁有三百多枝步槍，組織民間游擊隊；前國防部長高華柱的父親高芳先將軍，當年也是山東一個游擊隊（青保總隊）的指揮官；游擊隊仿照正規部隊組織，也設有連長、排長、班長，由當過兵的人訓練隊員，當然這不是正式訓練，不像正規部隊那麼精實。不過這些連長、排長多半不識字，點名的時候要由識字的人在旁提示，經過多次才認識名字。游擊隊的中心思想是「忠」，彼此之間很講義氣，誓言跟日本人和共產黨拚個你死我活，雙方相遇時，你不殺我，我就殺你。

一九四八年，國民黨軍隊朝著徐州撤退，與共產黨爆發徐蚌會戰，我老太爺帶三百人去參戰，戰時沒飯吃，只好殺馬、吃馬肉。可惜我方戰事失利，在臨沂的一個夜晚，父親決定帶著我和殘餘的游擊隊朝南方撤退、逃難，還記得我老娘牽著我弟弟說：「你們兜兜風就回來了。」沒想到這一「兜風」，就是骨肉分離幾十年。

我們一行人坐在火車車頂上、或攀附著車廂前往南京，過山洞時很危險，如果不小心就會撞擊山壁摔落。到了南京，我們以步行的方式前往廣州。從山東往南方逃難的過程中，我們沒飯吃，大人不好意思出面，叫我們小孩子當乞丐要飯。要飯的過程很好玩，我帶著乾媽的女兒、也是乾妹妹張美雲（後為李顯斌妻），她才六歲，大人把五磅的桶狀奶粉盒子打洞交給我們，叫我們去當地人家敲門要飯，當地民眾看我們是難民，同情我們，就把盒子裝得滿滿的白飯讓我們帶回去，大家一起吃。

逃難來臺見聞

逃難來臺過程中，我聽聞一些光怪陸離的現象。有位排長姓郭，政府撤退時，他妹妹跟著他走，可必須是夫妻才能上船，他們就假裝成夫妻，妹妹必須嫁給哥哥，取得結婚證書才能拿到眷糧，這對兄妹感情很好，以後我就不知道了。

此外，有個十八、九歲的鄒姓姐姐，在青島讀過書，帶了三個弟弟要上船，把守登船口的是一名三十歲的王姓營長，他說：「上船可以，嫁給我。」她說：「嫁給你可以，把我三個弟弟一起帶上。」在逃難的年代，這種情形太普遍了。登船的時候，一家人必須你拉我、我拉你，一鬆手，掉下去水裡就沒有了（死亡）。界線。

外省人來臺灣，大多住在八坪左右的房子裡，一戶擠了四個人，搭建竹籬笆為界線。當時大家都以為很快就能回家鄉，房子不用蓋太好，隨著時間過去，小孩越生越多，才不得不加蓋房子。那個年代大家不懂得節育，就算生活很苦，小孩照樣生了五、六個，眷村的爸爸、媽媽辛苦地把孩子們扶養長大。

鳳山幼年兵

一九四九年，父親帶我們抵達臺灣時，身上沒錢，只有袁大頭（民國初年發行的銀幣），我父親拿一個袁大頭買香蕉發給大家當飯吃，我不知道價錢，應該很便宜。剛到臺灣，我們被編入高雄要塞司令守備團，我頂名馬宣，是二等兵，職務是傳令兵，算是我正式軍旅生涯的起點，不再是游擊隊隊員的身分。

當年到臺灣來的軍人，有的十幾歲，甚至只有六歲，為什麼六歲能當兵呢？原來這些小孩子都是冒名頂替從軍，因為戰亂時代生活困苦，部隊管吃、管住，還有軍餉可領，有錢人家不想當兵，窮苦人家寧可從軍，就假冒有錢人家小孩的名字頂替入伍；陸軍總司令孫立人將軍到部隊去看，發現部隊充斥著「父子兵」，有些小孩才六歲，就跟著爸爸、哥哥一起來到臺灣，這能打仗嗎？孫立人覺得這些小孩很可憐，於是擴大成立幼年兵總隊，跟一般部隊一樣，也有營、連的編制，把陸海空軍的幼年兵都納進來，陸陸續續來了一千三百人。

一九五一年，我進入幼年兵總隊，[1]父親則留在正式部隊。

那時物資缺乏，兩個人共用一條軍毯。第二天小孩尿床，還得洗床單、棉被，洗完轉圈擰乾、晒乾。我們一早起床就穿斗笠、紅短褲，沒鞋子，赤腳繞著鳳山灣子頭步兵學校跑一圈，跑了五千公尺一身汗。鳳山有很多日本人留下來救火用的水池，天氣熱的時候，我們褲子一脫就跳下去洗個澡，小孩不知道苦。回營區就吃飯，用完餐就帶上小板凳，穿著紅短褲在大樹下上課，沒有教室。中午吃過飯後休息一個半小時，下午做訓練，立正、稍息之類。差不多六點鐘吃晚飯，接著晚自習，時間到了就睡覺，我們日常生活中沒有一分鐘可以想到「性」。美軍顧問曾經問幼年兵部隊長官：「他們怎麼解決性生活？」長官回答：「他們沒有性需求。」

孫立人將軍每週六都來看我們，跟我們一起吃飯。他是安徽人，講話有口音，不凶，又高又帥，總是穿馬靴。幼年兵的感情都很好，禮拜天放假要檢查指甲剪了沒以及服裝儀容，離開營區要穿軍服、穿草鞋，但我們是兩個人一套軍服，平常你是褲

1 「陸軍成立的幼年兵總隊，係當時部隊裡隨軍來臺的娃娃兵，經多次清查後，由六歲到十六歲逾一千三百位的孩子們組成的，總隊長徐博勳上校……這群孩童是真正吃糧拿餉，有軍籍、有編制的軍人，在接受體能與軍事訓練之外，也能接受一般的學校教育。經分級、分班後，依不同程度上課。」參閱王漢國主編，復興崗文教基金會著，《政戰風雲路》（臺北：時報文化出版公司，二〇二一），頁二二二。

子、我是上衣，放假時，如果你外出，我的上衣就給你穿，如果我外出，你的褲子就給我穿。那個年代電影院會發勞軍票給部隊，部隊再發給休假的軍人，我們會去臺南看免費的電影。

另外有一群女青年也是跟著部隊來臺，沒地方吃、住，孫立人將軍將她們集合在屏東，成立女青年工作大隊，生活也很苦。她們年紀比較大，我們年紀小，一到禮拜天放假，我們去屏東找姐姐，她們到鳳山找弟弟，一起出去玩，姐姐會帶我們去吃冰、西瓜、鳳梨。現在姐姐們都九十多歲了。

女青年工作大隊的任務之一，是到部隊去詢問官兵有什麼問題，找出問題幫我們解決，或是對我們進行文化教育，教導我們寫家書。女青年大隊隊員有初中畢業的、也有高中畢業的，她們到部隊來，大家都很高興。

孫立人與幼年兵

就讀政工幹校

緣起

王昇任政工幹校校長

有人說化公（王昇。本文保留受訪者用詞，以下皆以「化公」稱呼王昇）是政戰教父，但應該是蔣經國先生，不是化公，經國先生年輕時在俄國有政工經驗，他跟俄國學的。一九四九年，國民黨被共產黨打敗，經國先生進行改革，首先提出政工制度，創立政工幹部學校，一開始不叫政戰學校，後因共產黨也有政工編制，所以在一九六〇年改名為政治作戰學校。此後，各級部隊的輔導長都是政工幹校（政戰學校）畢業的。政治作戰非常重要，由總統直接領導，才能發揮效用。化公原本擔任政工幹校訓導處長、教育處長，一九五五年升任校長。

前政戰學校副校長陳祖耀老師研究化公的貢獻，第一個就是政戰學校制度，培養人才。香港《亞洲》雜誌也報導，臺灣的進步原因除了十大建設，另一個不可抹滅的是政戰制度，上山下海的部隊都有政戰人員，尤其陸軍各軍團都有政戰部輔導長編制。

化公曾經到韓國訪問，韓國學潮鬧得很凶，他們官員很好奇，中華民國為什麼這麼安定？這是因為我們有政戰制度，訓練軍訓教官，派駐在學校發揮領導作用，如果學生有問題，馬上跟他建議、瞭解一下。韓國總統全斗煥派金基洞上校（跆拳道高手，曾任我國軍跆拳道教練）來臺灣，在劍潭跟我們學習政戰制度。

一九六〇年起，化公曾多次到越南講學，他們的軍隊腐化得要命，吃空缺，譬如一個連編制九十人，實際上只有四十人，虛報五十個空缺。所以化公於一九七一年在政戰學校成立遠朋班，幫助外國友人，願意學習政戰制度的就到臺灣來，中南美洲、亞洲都有國家派人來學習。遠朋班屬於任務編組，沒有經費，要自己想辦法找錢，辦得很好。化公多年後到巴拉圭當大使，當地遠朋班的學員請我們吃飯，稱呼我們「老師」。原本遠朋班在一九九五年因國軍實施「精實案」而裁撤，但李登輝總統到國外訪問時，來接待的人對他非常好，他才發覺這是遠朋班結業的學生，可是那時沒有經費，要停辦了，李登輝總統不高興，覺得遠朋班對國家貢獻太大了，要求外交部編列預算繼續辦下去。[2]

一九四九年以前，國民黨軍隊會失敗，「吃空缺」即是原因之一。譬如一個連編制一百多人，實際上只有五十多人，打仗的時候，指揮官以為自己有很多軍人，上戰場時卻少了一半，甚至只有編制三分之一的人上場打仗。

政府來臺後，宋楚瑜的父親宋達將軍，曾任國防部人事次長、而後榮升陸軍供應司令，著手改革體制，每個軍人都有一張「薪餉手牒」，跟身分證一樣，發薪水的時候，軍人要拿薪餉手牒來領，還要點名，親自發給他，一九四九年以後，軍隊就沒有吃空缺的現象了。

2 「一九九五年十月奉李登輝總統的命令復班，並更名為『遠朋建國班』，其原因在於李登輝總統出國訪問時，有許多友邦國家的高階幹部提及甚為懷念在遠朋班受訓的情形，讓李總統瞭解遠朋班對我國外交與軍事的重要性，故而決定復班。……由外交部提供經費，國防部代訓。」參閱王漢國主編，復興崗文教基金會著，《政戰風雲路》（臺北：時報文化出版公司，二〇二一），頁八二。

政工幹校教導大隊

一九五三年，幼年兵總隊、女青年大隊解散。當時有三百多名幼年兵，小的不到十歲，大的十六歲左右，年長的被送去運輸兵學校學開車、當駕駛、學汽車保修；另外挑了七十多個個子高、身材壯碩的給老總統當侍衛；沒有安排的就被送去政工幹校教導大隊當學兵，我也是其中一員。

「政工幹部學校教導大隊」的名稱取材自早年的「黃埔軍校教導團」，團長是何應欽，幹校校長是化公。教導大隊成員都是學兵，跟學校一樣，相當於小學、初中、高中的程度，我們平時都在讀書、學習，不必像正式部隊那樣操練。化公校長請他中央幹部學校同學、臺灣省政府教育廳廳長潘振球幫忙，讓各級學校用過的教科書送到幹校教導大隊，發給我們學生讀。在部隊裡，小學、初中、高中程度的阿兵哥混在一起，程度參差不齊。教導大隊則分成甲、乙、丙、丁四班，甲班學生不愛讀書，平常就到勤務連、印刷所打工；乙班相當於高中生，丙班相當於初中生，丁班相當於小學生。

這群同學中，我印象比較深刻的是鍾中英，他是印度人，國共內戰期間加入李彌將軍在緬甸、泰北一帶的游擊隊，戰後沒有回印度，而是跟著部隊從緬甸來臺灣，也被編入教導大隊。他長得黑黑的，很會唱歌，曾經上電視表演；退伍後在淡江大學附近開了一家印度餐廳，前幾年過世了。

我們在教導大隊六年純粹是讀書，沒有一般部隊的訓練，不必出操。民間學校一學年有兩學期，我們一學年三學期，沒有寒暑假，因為我們住在學校、吃在學校，全年生活範圍都在這裡，如果放寒暑假，學校很難管理。雖是學兵，也有薪餉可拿，一個月發兩次，月初發三塊五毛錢，月底發四塊錢，所以我那個時候從沒見過五塊錢的票子。

在教導大隊時，化公每逢星期天必來教室抽背國文，通過方能放假。有次我中籤，背誦〈禮運大同篇〉，我一口氣背完，化公說：「小胖子背得很好！」就把他的派克原子筆當獎品送我，我即在此時與恩師化公結緣。

政工幹校新聞系

一九五九年，我考上政工幹部學校新聞系，[3]印象中考試科目有中國近代史，包括宋元明清的歷史；憲法；外語，可以選擇英語、西班牙語等，由於我在隨營補習教育學過英語，所以我選考英語；國文考試則要寫作文。

新聞系四年學習的科目有：中國近代史、憲法、國父思想、國文、新聞採訪、新聞寫作、新聞編輯等，四年都在學這些內容。並沒有外傳的「特務」訓練，頂多有老師覺得幾個學生不錯，把他們的名字放在腦海裡，也許將來可以介紹調查局去，培養他們從事保防工作。但這些人都是少數中的少數，必須反應靈敏、品德優良的學生才有可能被老師看上。

一九六三年，我從政工幹校畢業，取得少尉軍階。我在新聞系很用功，畢業成績第一名，得以留校擔任十三、十四期入伍生連教育班長、教育排長一年，及政戰系助教，類似民間大學的助教。

[3] 政工幹校新聞組於一九五一年成立，一九五九年改制為四年制大學，即政工幹校新聞系。一九七一年改制為政戰學校新聞系。二〇〇六年國防大學成立後，改制為國防大學政戰學院新聞系。

國防部反情報總隊

一九六四年，我被派到國防部國軍學術研究會工作，成為少尉組訓官，學術研究會主要是從事國民黨黨務工作。其實，從離開幹校開始，我後來的各種職務頭銜都是編制上的名稱，實際上我一直在王昇將軍辦公室擔任參謀工作，他把我帶在身邊。

一九六五年，我進入國防部反情報總隊（今國防部政治作戰局軍事安全總隊），擔任中尉反情報官，同樣的，我實際上還是在王昇將軍辦公室上班，如果反情報總隊舉行會議，我就過去開會。反情報總隊編制不大，但有設置的必要。一九四九年政府播遷來臺，匪諜、潛伏分子極多，到處破壞。那個年代的口號是「小心匪諜就在你身邊」，結果總統身邊就有匪諜；國共內戰期間，參謀本部作戰次長劉斐都在老總統身旁負責作戰計畫，他其實是共產黨派來的臥底，徐蚌會戰的作戰計畫報告給蔣總統之前先送給毛澤東看，毛澤東完全瞭解這仗怎麼打，可見匪諜滲透程度之深，確實需要反情報工作。

所謂「反情報」就是保防工作，反制敵人的滲透，做好預防措施。以軍中為例，凡是有人對軍隊實行破壞、散播對軍隊不利、造謠生事的謠言，反情報中隊就必須出來反駁並且蒐證，在當地蒐集情報，必要時約談當事人；不過我們沒有抓人的權力，必須靠擁有司法行政權的憲兵司令部出馬逮捕人。譬如，部隊出操上課時，有人唱反調說：「不能反攻大陸，要搞臺獨。」有這種論調出來，反情報總隊就要搜查，由憲兵把他抓起來，在車上之所以用布套套頭，是為了遮蔽視線，不希望嫌犯看到行車路線。

化公建議，由介壽館（總統府）保防指導組進行總統府員工的人事審查，保防指導組由政戰部指揮，工作範圍遍及全總統府。總統府很大，有三個局，也有國防部的單位在裡面辦公，從此以後，新進人員都要進行安全查核。

反情報總隊沒有抓人任務，我們在政工幹校學習的是政治作戰，學習怎麼詢問、調查，也就是社會調查工作，反應給上級，後續怎麼處理等，不是學習抓人。況且，匪諜不會在額頭寫「我是匪諜」，沒有記號的。必須匪諜做了工作、破壞了以後才知道，譬如一九六四年，陸軍裝甲兵副司令趙志華少將在湖口裝甲兵基地集合所有官兵，說政府官員太差勁，要求官兵全副武裝向臺北進發，掃清總統身邊的壞人。他在講臺問：「誰願意跟我走！」中校輔導長朱寶康假裝說：「我願意！」

走上講臺，一把把趙志華抱住，把槍搶下來，憲兵衝上去逮捕趙志華。經過這件事後，輔導長朱寶康連升二級，從中校升上校，上校升少將；憲兵連長也從上尉升到中校。

我在反情報總隊的工作是跟大家開會討論，近期部隊發生什麼事，社會上有什麼情報，比如某某人把軍隊的汽油拿到外面賣，或是有軍人在外擾民，破壞軍人形象等，民眾寫信給國防部陳情，國防部就把信件發給反情報總隊做瞭解，我們就要找到這個軍人和他的主管，開會集思廣益，查清楚為什麼他要這樣做，把原因找出來。若判定某個人有問題，是由憲兵抓人，不是化公想下令抓人就抓人。

曾經有個案例，某某小兵訂婚後當兵去了，他的未婚妻出軌，也就是「兵變」，他的朋友寫信給他說：「你要注意，你未婚妻現在兵變了。」小兵心裡想：「我死心塌地跟了妳，訂了婚，一心一意愛妳，妳為什麼兵變？」部隊輔導長以前的職稱是指導員，必須檢查函件，知道這些情況後就要輔導小兵：「兵變沒什麼了不起，這個女生等於洗腳水，倒了一盆又一盆。」輔導長要開導小兵，當一個人遭遇事情沒人開導他，就會發生意外，因此為什麼社會上有「張老師專線」救自殺，就是這個道理，我就做這個工作。曾經有個陸戰隊員，因為女朋友兵變，他帶著衝鋒槍把女孩子全家都幹掉了，這件事沒上新聞。

那個年代臺北市有很多遊民，反情報總隊騰出營區一部分空間，規劃大通鋪給他們住，給他們棉被蓋，讓遊民洗熱水澡，伙房還煮飯給他們吃。奇怪，遊民不住！因為他們覺得住在營區不自由，寧可在臺北市街頭騎樓、樹下睡覺。

此外，曾經有個劇團唱平劇（京劇），劇目是：《女起解》、《小放牛》、《黃金臺》、《汾河灣》，這幾齣戲看起來沒什麼東西，情治人員調查，隱藏幾個字拿出來，就是「解放臺灣」，有這些證據才能抓劇團負責人。

國防部總政治作戰部

化公辦公室的參謀

一九六九年，我被調往國防部總政戰部第六處，擔任上尉政戰官；第六處的業務是政治教育，我協助公文處理。一九七〇年調第二處，該處負責文宣業務。一九七一年，調任國防部總政戰部新聞處，擔任少校新聞官。一九七四年升任新聞處中校政參官。一九七八年升任總政戰部政計會上校助理委員，政計會類似行政院研考會，研究各種專題，是份閒差事，沒什麼發展。同年調總政戰部行政室上校副主任，行政室類似總務工作，介壽館五樓總政戰部各種雜務都是歸行政室管。

如前所述，我是寄缺在各單位，正差在化公辦公室擔任隨員工作，對外職稱是參謀，日常業務主要是公文傳遞、傳達命令、接打電話、對外交際、庶務工作、倒茶水，以及其他長官交辦事項，那個年代沒有咖啡。部屬有事情要跟長官報告，會先問我：「長官在不在？」我說：「在啊！來看看。」隨員要有主動性，不是長官叫你幹什麼你才幹什麼，自己要看眼神辦事。譬如長官有感冒，要聯絡大夫說：

「老闆好像感冒了，你來看看。」事後再報告。好事先幹，壞事不能幹，傷天害理、招搖撞騙的事不能幹。我沒什麼權力，完全是服務的工作。如果有人要來巴結長官，就敷衍他說：「現在沒空，改天好了。」

我們給長官做事，還要做人，譬如長官得罪哪個人，我最起碼要去探望當事人，安慰對方：「當時因為什麼事，長官心裡不舒服，可能對你講話態度不太好，長官年紀大了，沒事。」有一次，有個國防部參謀，中午跟同事出去吃飯，一高興就喝酒，下午長官找他來會談，他來的時候滿身酒味，我說：「你喝酒了，等兩小時後再來。」如果我當場讓他進來，可能雙方都會不高興，讓他酒味退了再來，他會感激你。

政戰的角色功能

國防部總政戰部負責保防和國家安全，每個部隊都有政戰體系的人，在基層部隊是輔導長，在司令部是政戰主任，警備總部也設有政戰主任。警備總部政戰主任不是化公權力的延伸，因為政戰主任是幫助部隊長解決問題，哪個解決方式好，部隊長就聽哪一個，也就是助手、幫手的意思，並不是政戰的權力大。共產黨的政工權力很大，我們不是，我們政戰體系的人要聽部隊長的指揮，在司令部就是聽司令的指揮，連長、營長、旅長、司令才是部隊主官。所以我說化公是政戰制度推手，不是政戰教父。

政戰部沒有抓人的權力，有權力的是國安局和警備總部，政戰部只是其中一個情報單位。化公的態度是緩和的，但對於鬧事的人還是要處分，不處分鬧得更凶的話怎麼辦？你鬧得太凶，當然要給你顏色看看。有人認為，不要抓鬧得很大的人，讓他們鬧好了，那是不對的。試問，兒子學流氓打架，父母要不要管管呢？

假如某平民是匪諜，而匪諜是賣國行為，是搞破壞的人，因此，一般人也好，軍人也好，只要叛亂、叛國，人人都可以抓你，調查局、地方憲兵隊都可以處理。如果民間匪諜被政戰部知道了，或是掌握民間有暴動趨向的情資，我們會把資料交給調查局，由調查局去查；反過來說，如果匪諜是軍人，被調查局知道了，就會把情報交給政戰部。

共產黨在每個機關、單位都設有書記，書記才是單位老大，部隊有政委，監督連長，連長不敢貪汙、揩油，中國十三億人口不會亂的原因在這裡。臺灣是由政戰體系來做，一開始很多軍事幹部反對輔導長的職位，認為政戰是打小報告的。現在共產黨比我們厲害，臺灣的政戰沒辦法發揮效用，只是辦康樂活動，共產黨的政工就發揮效用。

政戰部的政一管人事，政二管文宣，政三管監察，政四管保防。部隊一查，哪裡有貪汙、揩油的，就會被撤職，甚至槍斃。我有看過貪小便宜的連長，辦公費八百塊錢，很少，應該要買掃把、繳水電費，結果連長拿辦公費放在自己口袋去了，輔導長負責管監察的，說連長貪汙，予以法辦，以後一個傳一個，大家就不敢了。

自己正才可以要求別人，譬如我們到外縣市出差，化公連差旅費都不要，我說：「你不要，我也沒辦法拿，最起碼按照規定要嘛！」化公說：「你們處理好了。」其實差旅費很少，但對我而言可以存錢。過年過節的時候，辦公室同仁租遊覽車到六福村去，舉行自強活動，這是各機關都有的活動。

政治教育

國防部訂定「愛民十大守則」：一、宿營挖廁所；二、洗澡避女人；三、待人要和氣；四、雇工先付錢；五、損壞要賠償；六、買物不賒欠；七、借用民房先商量；八、臨走掃地物還原；九、愛護莊稼樹木；十、不拿一針一物。

當過兵的人都知道，人的思想容易受汙染，軍中那麼多人，早年有六十萬大軍，後來慢慢縮減到二十萬人，不論金門碉堡、馬祖碉堡，透過電視，莒光園地節目到處都看得到。班哨分佈在山上、海邊，主管沒辦法每個班哨都去講話，但只要有電視，大家普遍看得到政令宣達，也可以說是思想教育。這個方式太好了，官兵反應很好，畢竟輔導長肚子裡的東西有限，光靠輔導長一個人講不出什麼內容。官兵到了週四就收看莒光園地，節目很豐富，有唱歌、跳舞、講話，寓教於樂，每個月最後一週的莒光日舉辦慶生會、加菜，小兵在部隊，有吃有喝有育樂，還有柳營笙歌節目，大家都喜歡莒光日，這是一個禮拜操練之餘，當兵最輕鬆的一面；全國眷屬也可以打開電視收看。

每個禮拜四莒光日結束後是小組討論時間，每個人都得發言，過去不敢講話、講話會發抖的人，一樣逼著你講話，訓練每個人的表達能力，所以當過兵的鄉鎮長、國大代表、立法委員候選人都很會講話。現在知識水準很高，但當年輔導長的水準不夠，必須仰賴莒光日電視教學，邀請名教授演講。

劉少康辦公室之所以要將莒光日推行到各縣市政府、鄉鎮公所，因為行政院每週一開週會，沒什麼內容好講，不如看看名教授在莒光日的電視演講。化公陪同行政院長孫運璿巡視部隊，他也同意莒光日電視教學。結果壓倒化公的就是莒光日，這個帳算到化公頭上來。

當年陸軍在每個師都有康樂隊、話劇隊、國劇隊，其中國劇隊是表演平劇（京劇），內容都是忠孝節義的故事。此外，化公創辦三民主義巡迴教育講習班（三講班），在軍中找表現良好、能說善道、口齒清晰的預官擔任莒光日三民主義巡迴教官，到各部隊去演講，這些預官也很高興，覺得自己能發揮所長。我曾經擔任預官第十三期的輔導員，前國策顧問趙守博當時是學員，單槓拉不上去，體能不足，就去協助靜態政戰，做文書業務，後來也擔任三民主義巡迴教官，吳敦義也是三講班成員。莒光日培養了這些青年才俊，給他們舞臺。章孝嚴（後回歸蔣姓）、蔣孝武當年在幹校受訓的時候，我也是他們的輔導員。除了三講班，中正預校凡是數學理化好的畢業生，學校把人留下來當排長、當老師，貢獻很大。

化公尊重大專預官，把優秀預官用在當用之處，讓他們發揮所長，預官對軍中、對國家、對社會貢獻很大，陸炳文教授是國學大師、藝文專家，也是公關高手，他認為應該把預官團結起來，發揮力量，便向吳伯雄報告，他覺得這個意見很好，於二〇二一年成立預官聯誼會，由吳伯雄擔任會長。陸炳文曾任行政院的組長，他把認識的預官都找來，趙守博、蔣孝嚴都入會了，成立不到半年，目前有兩百七十多位會員，由許歷農擔任榮譽會長，希望發揮反臺獨的力量。

教育文化

化公創立「連隊書箱」活動，請部隊輔導長調查小兵喜歡看哪些書後，每個連發一個書箱，裡面有一套書；嘉義、新竹空軍基地的飛機場跑道頭的休息室、待命室也有書箱，都是黎明文化公司的出版品。空軍向化公說：「報告主任，我們在待命室很寂寞。」化公說：「好，給你們裝冷氣。」還到日本採買電動玩具放在空軍基地休息室，那個電動是專門打飛機、打靶的遊戲，不是一般的電動玩具，飛行員高興得很。

有一些一九四九年從中國來臺灣的軍人不識字；宜蘭、澎湖到部隊服役的義務役士兵，如果家裡是打魚的，沒讀過書，也不識字。於是，部隊的政治教育就用一些淺顯易懂的口號教導我們：「東方發白大家起床，整理內務打掃營房；青菜豆腐最營養，亂吃東西壞肚腸。」就算不識字的也會唸。

化公創立「隨營補習」制度，部隊的阿兵哥識字程度不一，不識字的編在初級班；依序還有中級班、高級班。請專精數理、讀過書的預官、士兵當「小先生」，教導阿兵哥識字、知識學問。接著參加同等學歷考試，取得國小、初中、高中同等學歷資格，對士兵的幫助很大。我自己就是靠隨營補習，一路考上政工幹校。藝工隊的士兵，除了唱歌跳舞的本科，也要參加隨營補習，像唱平劇的演員徐露，原本在大鵬劇校唸書，也是透過隨營補習教育取得學歷，畢業後考上文化大學。

教育部也很幫忙，同意每年舉辦會考，考試及格者視為同等學歷，可以像一般學生一樣參加升學考試；譬如，原本不識字的阿兵哥，經過隨營補習三年後，考試及格了就視同小學畢業學歷，可以考初中。我就是循著這個體制取得高中學歷並升學，成為政工幹校大學部第九期的學生，可見得軍中隨營補習教育做得非常好，讓我們也有受教育的機會。

此外，化公校長推行政工幹校改制，把原本一年半的學制變成兩年專科，原本兩年半的變四年大學，增設碩士班、博士班。另外，化公把軍方的國光電臺、光華電臺……等整合併入中央電臺，宣揚中華文化，夏琍琍是聲音很好聽的軍中播音小姐。過去部隊輔導長的學問有限，講來講去都是一樣的東西，阿兵哥沒什麼興趣。每週四在華視播出莒光日電視教學，邀請知名教授講課，不只政工幹校，各軍事院校師生也要收看。

馬祖群島有個小島大坵，軍方在島上駐守一個加強連，居民多半從事打魚工作，不到十戶人家。化公與鄉民及駐防的連長商量，請連長找個預官幫助鄉民的教育，連長答應了，化公要部隊長向連江縣政府報備，成立大坵國民小學，連長任校長，輔導長任教務主任，由大專預官當老師講課，鄉民原本沒有學歷的，小學畢業就有學歷。

職業軍人福利

一九四九年，外省軍眷搭船來臺，一下船，有些人先住在國民小學的大禮堂，拿稻草鋪在地上，用被單隔起來，年輕夫妻晚上做「育樂活動」，非常克難。當年有部分日本營房被拿來當作眷村，不過大部分是用竹籬笆做眷村，房屋上面加個稻草，一到下雨天，屋裡也跟著下雨，每間只有八坪、十五坪，太小了，那時候眷村家庭每戶都生五、六個小孩。

化公腦筋好，處處為官兵著想，成立軍眷住宅合作社，幫忙蓋房子，成功新村、大安新村都是他蓋的。我們曾經到新加坡參觀，發現新加坡土地面積小，一般民眾住在八坪的房子，十五坪、二十坪、三十坪都是大官住的。我們仿照新加坡的做法，與臺北市政府等縣市政府商量改建事宜，如果眷村土地仍有住戶，則現住戶必須把土地歸還給地方政府，改建為高樓大廈，再由政府補助百分之七十左右的「輔助購宅款」，[4]原住戶自備百分之三十購屋金。當年大安新村原住戶約一千多

[4] 《國軍老舊眷村改建條例》第二十條：「原眷戶可獲之輔助購宅款，以各直轄市、縣（市）轄區內同期改建之國軍老舊眷村土地，依國有土地可計價公告土地現值總額百分之六十九點三為分配總額，並按其原眷戶數、住宅興建成本及配售坪型計算之。」

戶，改建後有兩千多戶，軍眷比例約占一半。過去軍眷房子沒有所有權狀，改建後住戶擁有所有權狀，可自由買賣，曾經有銘傳大學的老師購買桃園改建的眷舍，六百萬元買入，現在價值一千多萬、兩千萬，這些人都發財了。軍眷老了以後如果無人扶養，也可以把房子抵押給銀行「以房養老」，譬如房子三十坪，抵押給銀行，銀行每個月給我三萬元，我死了以後房子就歸銀行。

化公曾經銜何敬公（應欽）之命，寫信給蔣經國，轉達敬公老師認為軍人很可憐，在社會上沒什麼地位，希望興建九個洞的高爾夫球場，透過打球提高社會地位的美意。後來，民眾反映打球的人都是大官、美國人，要求軍方歸還土地，臺北高爾夫球場就把土地還給臺北市政府，給廠商補償金移除球道，改為青年公園。

一九七六年，軍方在五指山興建新的高爾夫球場，可是場外有條大水溝，球常被打進水溝裡，山上又常有濃霧，颱風一來還把球道吹跑了，難以營運。當時何應欽是高爾夫球俱樂部主任委員，化公是理事，有次開會，何應欽說：「我跟日本八年抗戰，沒打過敗仗，現在卻被球場打敗。」化公說：「老師（何應欽），沒關係，我們遷建到桃園蘆竹好了。」一九八四年，臺北高爾夫球俱樂部在蘆竹的新球場正式完工啟用，很漂亮，有三十六個洞。

原本有九個洞的的五指山球場，則改建為國軍示範公墓。化公曾說：「軍人活著的時候打高爾夫球很便宜，死了以後葬在五指山國軍示範公墓。」如果先生死了就先去五指山，太太死了再去；如果是太太先死，也可以先去占位置，以後軍人死了再去。這也是化公了不起的建樹，軍人死了最起碼有一個埋葬之地。過去五指山國軍示範公墓是土葬，後來穴位滿了，新北市政府要求軍方不要再開發土地了，於是興建忠靈塔，只收火化後的骨灰罈，不再接受土葬。目前忠靈塔塔位也滿了，準備再建第二座忠靈塔。

我有次去桃園打球，球場小姐說：「真後悔！當年應該嫁給你們軍人。」我說：「妳們臺灣小姐（本省籍婦女）根本看不起職業軍人。」她們說：「現在才知道，嫁給軍人太好了！」怎麼說呢？第一，軍人不會打老婆；第二，軍人老公死了以後，老婆可以繼續領半俸，而且喪葬費也不花錢，過世可葬在五指山公墓。

關懷基層士官兵

阿兵哥在外面買東西很貴，化公在每個營區設置軍人福利社，並擴大到每個鄉鎮設置軍公教福利中心，辦得很好。外面牙膏賣十塊錢，軍中福利社賣八塊錢，又便宜、又方便。為什麼福利中心的價格比較便宜，因為沒有中間商的剝削，水果公司把水果運來，福利中心馬上開支票給廠商。由於賣得很便宜，被人批評軍方與民爭利，後來就改制為全聯福利中心。

海軍軍艦逢年過節會到基隆、高雄，宜蘭……碼頭運補，事先在船上寫好要買豬肉幾公斤，蔬菜幾公斤，船一靠碼頭，採買人員馬上去菜市場採購。後來覺得阿兵哥不宜穿著軍服在菜市場買菜，便成立副食供應站，設置冷凍庫，肉類、蛋、蔬菜都能保存，由副食站的人事先採購豬肉等食材，擺在副食供應站，海軍人員一靠碼頭就去副食供應站取貨，帶回船上，如此一來也可節省海軍的採購時間。

從前，海軍阿兵哥在基隆下船後無處可去，蹲在碼頭吃飯盒，冬天的飯盒都是冷的；有些阿兵哥來臺北出差，沒地方住宿、吃飯。化公認為應該蓋一個類似雜貨店的地方，取名「政戰大樓」，設在左營、基隆、馬公等海軍基地，裡面可以唱卡拉OK、打彈子、喝飲料、休息。

這個構想後來擴大為改建「國軍英雄館」。興建過程中，鋼筋、水泥物價飛漲，通貨膨脹，化公催促廠商一定要提早把原物料備齊。國軍英雄館實際造價多少我忘了，只記得因為提早備妥蓋房子所需的原物料，所以很便宜。

化公規劃興建的國軍英雄館於一九八一年完工，[5]何應欽應邀出席落成典禮並剪綵，共七層樓，頂樓是貴賓室，設有總統套房。後來我跟著化公出使巴拉圭時，七樓仍保留一個房間作為我的辦公室。國軍英雄館落成後，有些阿兵哥只花八塊錢開房間洗澡，不住宿，也算是提供阿兵哥一些方便。另外，文藝活動中心原本是國光戲院，軍方經常在國光戲院開軍中文藝大會，後來更名為國軍文藝活動中心，成為一個可以辦展覽、歌舞表演的場所。

過去，許多陸軍阿兵哥都蹲在野外吃飯，一颳風，沙土都吹到菜裡去。化公說：「我們做鋼架餐棚。」由土木建築科系畢業的預官設計，國防部出錢幫忙部隊做鋼架餐棚，每個連做一個，可容納一百多人；營區比較大的餐棚就做大一點。除了三餐，也可以在這裡上莒光日、連上集合開會，也可以裝電視機、彈子房，讓官兵從事休閒娛樂活動，具有多用途功能，鋼架餐棚貢獻很大。

5 臺北國軍英雄館於民國四十九年元月落成啟用，原係磚造三層樓房，……由於三軍差假官兵需求遽增，容量過小，予以拆除重建。新館於民國七十年九月三日軍人節揭幕啟用，為地下一樓及一至七樓之建築，提供來賓會議、餐飲及住宿之需。參閱中華民國軍人之友社網站，網址：http://www.fafaroc.org.tw/fafaroc.asp?menuid=19，查閱日期：二〇二一年二月十八日。

裝甲兵一個連起碼有十二輛戰車，演習結束履帶都是泥巴，阿兵哥要負責洗、沖泥巴、擦乾淨，小兵說：「報告主任，我們洗車太辛苦了，冬天又冷，能不能幫忙發個幫浦水槍？」化公交代裝指部政戰部主任榮暄北將軍檢討速辦，於是，裝甲部隊每個連都發一個幫浦，可用強力水柱清洗戰車履帶。這都是化公了不起的地方，他解決基層士官兵問題與需求。

最了不起的是，化公每年必定環島一趟，從宜蘭出發，到花蓮靠海的地方視察海防班哨，一到班哨，關懷士兵，並且跟小兵們一起吃個午飯，問：「你們有什麼問題沒有？」有些老兵說：「眼睛看不到了，眼睛花了，希望配眼鏡；牙齒掉了，希望裝假牙。」當年輔導會幫老兵裝假牙、配眼鏡都半價；化公擔任總政戰部主任時，叫軍醫院幫阿兵哥配眼鏡、裝假牙，通通不要錢。還有海防士兵說：「上街買菜、魚、肉，沒有冰箱裝，會臭，我們要冰箱。」化公說：「好，由軍人之友社給每個碉堡配發冰箱。」阿兵哥買菜回碉堡有冰箱可裝，常保食材新鮮。當時海防是警備總部的主管業務，沒有編列碉堡冰箱的電費預算，王昇指示由勞軍款支應冰箱電費。這些事情真了不起，我跟隨化公老師視察海防班哨，幫助基層士兵解決問題最令我感動。

除了到部隊看看小兵，化公也到醫院關心住院的士兵，有一個小兵發燒，化公叫我買瓶好立克牛奶給小兵補一補身體，當年好立克很貴的。化公也到監獄關心受刑人，慰勉受刑人改過向善。

臺灣的稻米從北到南一年可收成兩次，南部甚至可以收成三次。有一天，化公到臺南視察部隊，路上看到一個老翁坐在田邊發愁，他馬上停車詢問怎麼回事？老翁說：「我兒子當兵去了，現在颱風來了，沒法搶收。」化公說：「沒關係，你一個兒子當兵，我給你十個兒子割稻。」回臺北後，指示部隊每年四月實施「教孝月」，因老總統四月五日過世，鼓勵部隊助民收割。

軍中樂園

唐朝就有營妓，共產黨的營妓叫慰勞隊，日本叫慰安所，我們叫軍中樂園，意指快樂的地方。國軍一九四九年來臺灣，阿兵哥都是單身漢，生活枯燥，除了看海、看天，沒什麼娛樂，自裁的人很多。曾有一位軍長向政戰部主任楊銳老師說，是不是研究一個辦法解決軍人的性需求，於是總政戰部第五處在金門、馬祖、澎湖、臺北六張犁、關渡設置軍中樂園，為官兵服務。

政五處福利官負責招募小姐，有病的不要，有特殊狀況的不要。通常她們會一個介紹一個，參加營妓的婦女不是強迫的，都是自願的，到職前還要先體檢。以前臺北北投有很多風化區、妓女戶，撤銷風化區之後，很多妓女失去工作；某地區司令官派我的同學去北投挑人，若願意去金門軍中樂園上班的，一個月薪水五萬；有些女孩是家庭經濟發生困難，爸爸賭錢、媽媽生病，所以自願參加，女兒拿五萬元薪水可解決很多家庭問題，當她們年紀大了自然會離開。

有個地區司令官去視察軍中樂園，看到房子髒兮兮的，建議化公撥出經費改善，找成大建築系畢業的預官畫設計圖，把軍中樂園改造得像家一樣，有客廳、接待室、衛生間。司令官還把我的同學（民事官）找來說：「你看這個小姐長得像他媽一樣的，阿兵哥哪有興趣？找最好的來！找年輕的、漂亮的。」

軍人去軍中樂園消費要先買票，接客的營妓收入不一，有的一天接五、六個人，有的接二十幾個人，一個月下來，生意好的可以拿到十萬。某外島司令官重視營妓收入，跟她說：「妳這個月不到五萬，我貼給妳。」有些軍人跟營妓產生了情感，變成很好的朋友。當時外島的阿兵哥有五萬多人，有太太的沒幾個。外島在地青年寫信給蔣經國說：「阿兵哥這麼多，把我們在地的小姐都討走了，我們討不到老婆。」後來國防部下令，軍人要滿二十八歲才可以討老婆。也有很多家長寫信給化公說：「我們孩子很單純，不會抽煙、喝酒、嫖妓，到了部隊都會了。」所以就建議取消軍中樂園的編制。

至於家長提到的學會抽煙，是指早年部隊每個月會配發兩、三條國產香煙給阿兵哥，導致本來不會抽煙的人，進部隊當兵都會了。不過化公任內並沒有取消配煙福利，是後來的政戰部主任取消的。

關懷受刑人

化公曾經去由軍方管理的臺南監獄、綠島監獄演講、慰問受刑人，給他們信心喊話，他說：「我知道你們都是善良的，人之初，性本善，只是一時糊塗做錯了事情。你們在這裡好好學習，知過能改，善莫大焉。」化公尋找做西裝的裁縫老師以及職業學校的老師合作，去監獄訓練受刑人做衣服、水泥、鋼鐵。出獄後給受刑人十萬元貸款，讓他們開西裝店、水電行，希望受刑人改邪歸正，到社會成為有用的人。貸款是行政院政務委員費驊的構想，這個人了不起，別人都想不到。這是最可貴的政策，讓壞人變成好人，還給你小額貸款開店，不然受刑人待在監獄好像人生沒有希望，只能自殺；學點東西還有後路，大家很高興。

每個部隊調皮搗蛋的阿兵哥就會被送到明德班。化公也去左營、宜蘭明德班講話、鼓勵他們：「你們到明德班都是最聰明的人，你們要學好，回去做骨幹。」他以鼓勵的方式讓壞人變成好人，不要責備他們。宜蘭明德班有佛堂，也有基督教教堂，家裡信佛教的，每天到佛堂去懺悔，基督徒就去教堂懺悔，宗教的力量很大，這種教育了不起，對部隊的幫忙很大，這些人將來到社會上也會變成良民。

弘人計畫

總政戰部有個「弘人計畫」，化公親自督導，由政計會中將主任委員負責，外界都不知道。這個計畫是把漁民組織起來，稱之為「漁事會報」，包括宜蘭、高雄、馬祖、澎湖……等地的漁民，譬如某個漁民家庭有問題，政戰部就研究怎麼幫忙，如果魚貨賣不出去怎麼處理，打不到魚怎麼處理，諸如此類的事情。

把漁船組織起來比較好指揮，別人不敢欺負。澎湖的漁民經常跟中國漁民在海上交流，交換魚貨，導致馬祖和金門都買不到黃魚，基隆卻買得到。有一年，我們的漁民很賊，用手錶跟中國漁民換魚，魚拿到了，手錶不給人家，中國漁船直奔澎湖馬公港找人，那天正好碰上雙十節，化公交代要安撫中國漁民，把那些不給手錶的人找出來，跟他們道歉，把手錶、金戒子給他們，還給他們一人十公斤的米，然後安排二十幾個中國漁民坐飛機到臺北國軍英雄館，參觀雙十節演出活動，發揮心戰作用，他們很高興。

有一次，化公到高雄視察部隊，阿兵哥想吃魚，漁民說：「你們拉網下去，要拉半天，拉到的魚屬於你們的。」這就是軍民合作的範例。

此外，臺灣有漁船開到南非開普敦捕南極蝦，其實是中山科學研究院在那裡研究祕密科技，船的上層擺放南極蝦，我方派有漁船，掩護他們研究的東西。

心戰研究班

當年國防部在臺北市信義路有兩塊房地產，一塊在信義路一段，離總統府比較近，是由軍中電臺改建的，心戰研究班（心盧）就在這裡上課。[6]心盧是模仿清朝書院的模式，請名教授來教書。

化公創辦心盧，一方面反統戰，一方面訓練優秀青年從事心戰工作。心盧招收的對象是喜歡讀書的部隊軍官或社會人士，要通過考試才能成為心盧的學生。授課老師則有曹敏、胡秋源、鄭學稼、方東美……等知名教授和哲學家，方東美如果有事不能來，就會請他的學生馮滬祥代課。心盧對學生實施文化教育、哲學思想，學生讀了古書、《詩經》、《易經》，學會理論基礎和優美的辭藻，說來順口、聽來順耳，從心盧結業後就可以寫文章，跟共產黨打筆仗，勸中國放棄共產主義；就像部隊裡也有「筆的隊伍」跟異議分子打仗一樣。心盧學員非常優秀，個個文筆很好，如黃澎孝、張悅雄、黃四川、許良雄、彭壽山、郭年昆、孫宜成、洪陸訓、楊康寧、羅致達等都是俊彥菁英的代表。

6 「總政戰部於一九六四年十月在政二處下成立心戰工作組，對外統稱心盧。一九六九年六月開始對外招考，更名為心戰研究班，班主任為政戰部主任羅友倫兼任，實際由政戰部執行官王昇指導，曹敏負責班務。不過因未授學籍，在升遷任用上受限，因此只招訓六期。一九八七年起，該班納入政戰學校政治研究所。」參閱王漢國主編，復興崗文教基金會著，《政戰風雲路》（臺北：時報文化出版公司，二〇二一），頁一二七－一二八。

心戰工作就是對外宣傳，心廬辦了六期，一直延續到劉少康辦公室結束才跟著解散。我們沒有形成派系，只有同學會，就像我有淡大同學會，中國小姐唐琪是我們班畢業的。同學們聚在一起吃飯聊聊天，沒有幫派。

石牌訓練班

石牌訓練班位於臺北榮民總醫院附近，老總統之所以要創辦石牌訓練班，有其歷史背景。中國大陸時期，搞情報的有軍統、中統。政府撤退來臺後，軍統和中統不合作，沒有默契，於是老蔣總統派化公擔任訓練班主任，沈之岳先生任副主任，他們兩個是好朋友，由沈先生輔助王昇，把軍統、中統的人都找來講習，過去你搞你的，我搞我的，現在彼此肝膽相照，重新出發。

前調查局長沈先生是老一輩的情報員，非常非常資深，年輕時在中國從事地下工作，戴笠派沈之岳暨夫人一起當毛澤東祕書，從事地下情報工作，被發現後逃回臺灣。那個時代亂得很，你派人到我這臥底，我派人到你那臥底。一九四九至一九五一年，老蔣總統派他擔任總統府石牌訓練班副主任。一九五一年起，沈先生歷任大陳防衛部政治部主任、大陳區行政督察專員公署專員，一九五八至一九六〇年擔任司法行政部調查局副局長，一九六〇至一九六四年擔任國防部情報局副局長。

石牌訓練班我沒參與，畢竟那是民國四十幾年的事情，有關訓練班的事情我都是聽老闆化公講的。有人說石牌訓練班是蔣經國培植情治幹部之用，事實上，這個訓練班是政府來臺後，情治人員像無頭蒼蠅一樣，所以將情治人員聚在一起訓練，大家都是老情報員，不管做軍事情報還是社會情報，互相溝通思想後重新出發。

訓練班主要是面對面進行思想交流、溝通互信，大家都是一家人，沒有學習高深的特務技巧。我老闆講，石牌訓練班注重思想統一、人事統一：思想統一最重要的是互信、肝膽相照，我的肝和你的肝互換，沒有互信，什麼也幹不了；就像部隊有榮譽團結會、肝膽相照會，也就是座談，大家坦承報告我現在幹什麼、過去幹什麼、將來幹什麼，我知道你的心意、你知道我的心意，大家互相瞭解，就變成互信的關係。其次是瞭解國家未來的希望，也就是奉行三民主義，而不是共產主義。

人事統一是不分你我，只有適合你我的工作，沒有私心，非常平等；情報員分發到單位，由各單位處長、副處長統一運用。石牌訓練班學員跟化公是師生關係，雖然認識，但是每個調查員只聽令於自己的上司，軍情局人員聽令於情報局及國防部的長官，調查局人員聽令於調查局和司法行政部的指揮。部屬的情感還是在，或許小事幫個忙，沒什麼權力的。

石牌訓練班好像辦了八期，一期有四個中隊，一個中隊三十幾個人，等於每期一百二十人，共一千多人，結業後就解散，回到各自的單位。軍事情報由軍事情報局負責。社會情報由調查局負責，司法行政部調查局成立後，首任局長是季源溥，沈之岳是副局長，第二任局長是張慶恩，沈之岳是第三任局長。

有學者說，石牌訓練班是化公培養臺灣情治人脈的關鍵機構。沒這回事，亂講的！化公跟調查員沒私人關係，那種說法都是在打擊化公的形象。就像你交女朋友，情敵看不順眼，放風聲說你吃喝嫖賭，目的就是要打擊你。那些打擊化公的人，什麼話都敢講，沒有他們說的那回事。化公從來沒有叫我要跟情報員聯絡處理事情，軍中有倫理，我們不能越級報告，也不能打小報告，層級節制，層層負責；在校園裡，助教有事情就跟老師報告，老師跟系主任說；在部隊，輔導長跟連長報告、連長跟營長報告，這是組織倫理，彼此互相尊重。

有學者說，沈之岳到調查局後，整肅調查局的人，「整肅」一詞很難聽，應該說「重新整編」，淘汰不適應的分子，適應的人繼續做，不適應的人輔導就業。

政治與社會事件

馮滬祥考卷事件

學校教育中有國父思想、三民主義課程，有一部分中國文化的傳統，希望我們的公民知道「我是中國人」，應該有民族意識教育。但是有一部分人不贊成這個做法，像陳鼓應教授就希望校園不要有政治色彩。

一九七二年發生的臺大哲學系事件是一起內訌事件，楊樹同教授把該系學生馮滬祥的期末考卷打零分，這樣一來，馮滬祥就無法畢業。馮滬祥跟他的老師方東美陳情，方東美就跟曹敏轉達此事，曹敏幫忙跟化公講：「馮滬祥是優秀的學生，怎麼打零分？」化公跟曹敏講：「要還公道。」輕描淡寫，此乃人之常情。

臺大哲學系事件是學術界老師之間的恩怨，跟情治單位沒關係，化公沒有插手，唯一「插手」的是把馮滬祥安慰一頓。外界卻誣賴他，說他對臺大哲學系有干擾，化公說：「我是軍隊的政戰主任，我哪管這屁事？」我跟馮滬祥是好朋友，他長得眉清目秀、文質彬彬、才華洋溢，當過蔣經國總統的祕書，後來擔任東海大學哲學研究所所長、中央大學文學院院長，二〇二一年辭世。[7]

余登發被捕

國家安全事務由國家安全局、國防部軍事情報局、國防部總政治作戰部、臺灣警備總司令部、憲兵司令部、法務部調查局等六個單位負責。這幾個單位具有密切、聯合的關係，摩擦也是有的，因為有些單位是鷹派，有些是鴿派，軍方通常是鷹派，主張派軍隊抓人，鴿派主張緩和的手段。就像中國也有鷹派、鴿派，鷹派主張武力解放臺灣，鴿派主張慢慢來。國安局、警備總部是鷹派，請異議分子喝咖啡，喝完咖啡就把你送到綠島去。

總政戰部是鴿派，主張用溝通的方式和社會意見領袖交流。當年高雄都是余登發縣長的勢力，化公和余登發、余陳月瑛、臺南的蘇南成都很好，他曾經到地方去看這幾個人，溝通意見，化公最常跟他們講：「你的想法我知道了，但國家情勢擺

7 有關臺大哲學系事件，可參考臺大校史館網站：https://www.lib.ntu.edu.tw/gallery/promotions/20131231_philosophy/index.html，查閱日期：二〇二二年十月十二日。

在這個地方，大家要共赴國難。」

軍方的政戰部怎麼會管民間事件？因為保密防諜涉及國家安全，民間活動也會影響國家安全，「小心匪諜就在你身邊」，匪諜不一定是軍人，也有老百姓當匪諜。余登發一九七三年因瀆職罪入獄，一九七四年保外就醫。一九七九年，余登發因叛亂罪被警備總部逮捕，在他家搜出共產黨的旗幟、毛澤東語錄和書籍。一開始化公並不知道余登發被捕，得到消息後，化公說余登發是高雄望族，不應該這樣對付他，應該用和平、愛、感化手段說服他。

余登發年紀大了，坐牢期間生病了，好像是糖尿病，一九八〇年保外就醫，住在三軍總醫院，化公很同情，去醫院探望他，發現他沒襪子穿，直接穿拖鞋，內衣褲都髒兮兮的，化公跟我講：「王參謀，余老先生住院，送雞湯過去。」雞湯是化公夫人親手做的，由我每天送去醫院，還送他全新的內衣褲、襪子。化公為什麼對他那麼好？因為當一個人有仁愛、慈悲的精神，他就會用慈悲和愛的教育來感化你。

中壢事件

一九七七年中壢事件發生時，我人在介壽館五樓總政戰部的辦公室裡，有情報進來，說許信良的支持者燒警察局、燒警車。像這種發生在民間的事件，情報是從地方團管區傳來，不是軍中的政戰人員傳來。我只看得到我們團管區的譯文，其他單位的看不到，譬如調查局的譯文是送給調查局，不會給我。

各單位的情報都會送到介壽館，經國先生（時任行政院長）也馬上就知道消息，立即進行情報分析作業。經國先生公務繁忙，不會去化公辦公室，如果有事找化公，他會跟武官王家驊說：「請化公來一下。」鷹派的人要求用軍隊圍攻許信良，鴿派的主張把許信良找來說：「你現在當了縣長，不要讓老百姓受罪。」我老闆就贊成這個做法，他說：「我們一定要找許信良先生，跟他見面。」並指示我去聯繫。後來化公跟許信良談，勸他不要再鬧了，到此為止好了。[8]

經國先生也是溫和派，他到每個地方去都是一樣的，譬如去大溪吃豆腐干，不

8 有關王昇在中壢事件作用的其他相關人士回憶，可參考陳儀深主編，羅國儲執行編輯，《中壢事件相關人物訪談錄》（臺北：國史館，二〇二一）。

擺架子，很溫和的，不是威權的。總統車隊走在路上，警察都會管制紅綠燈，經國先生看到就把侍衛長罵一頓：「紅綠燈誰要管？他們是老百姓，我也是老百姓，為什麼要管制人家？」這就是一個領袖人物偉大之處。

化公認為，我們要用緩和手段和異議分子商談，不要用激進手段，「以暴制暴」是不對的，不能動用軍隊，因為軍隊是對付敵人的，那些異議分子都是我們的老百姓、國民。況且許信良是老國民黨員，當初本黨進行縣長候選人提名作業時，化公看許信良長得不錯，又是拿本黨中山獎學金到英國留學，加上我們地方團管區送上來的情資都研判信良可以當選，化公覺得他是個人才，可以好好培養。可是當時的提名作業由李煥負責，某人建議提名另一個候選人：調查局出身的歐憲瑜參選桃園縣長，李煥同意了，化公身為黨員，也只能同意。許信良一氣之下脫黨參選，開票結果出爐，受人挑撥，認為選舉不公，暴民聚集，鬧起來了，燒警局、燒警車。化公跟許信良見過面之後，事件馬上就平息下來，經國先生知道化公處理得很好，第二天報紙登得很大，《聯合報》的標題是「李換（煥）王升（昇）」。一九七九年李煥被調去擔任中山大學籌備處主任，一九八〇年接第一任校長。

南海血書

有人說「南海血書」一事是化公自導自演。據我所知，原文是越南袁文籌寫的，陳貴方翻譯後刊登在一九七八年十二月十九日的《中央日報》副刊，內容提到，越南、高棉共產黨，把敵人用鐵絲串在一起，我插你、你插他，插進去又穿出來，人就死了，不費一槍一彈，這麼殘忍！我國政府在澎湖設置招待所，讓越南、高棉難民在招待所吃住，所謂「不作今日鬥士，明天就變成海上難民」就是這麼來的，因此「南海血書」不是杜撰的。之後由亞盟去管這事，美國、法國、海外有朋友的，就讓海外朋友安置他們。

林毅夫叛逃

金門馬山連連長林毅夫當年是由臺大轉入陸軍軍官學校，長得一表人才、英姿煥發，英文很好，負責在馬山喊話站警戒安全，向對岸心戰喊話，譬如：「中共弟兄們，你們放下武器投降吧！」喊話也是政治作戰的一部分。化公到金門都會像長輩一樣發獎金，加菜慰問這一個連及連長林毅夫。

一九七九年，林毅夫鬧情緒，好像覺得自己待在外島沒什麼希望，不知道對什麼不滿，游泳到對岸廈門去了。林毅夫游過去後，過了幾年，中共總理朱鎔基對他很欣賞，培養他到美國芝加哥大學讀書，他是個很聰明的人。後來他在北京大學擔任教授，對中國的農業經濟、鄉村改善貢獻很大，二〇〇八年當上世界銀行副行長。所以有些人開玩笑，說林毅夫對臺灣沒什麼貢獻，到中國貢獻那麼大。

林毅夫的父母、哥哥都在宜蘭，他剛到對岸時，各界原以為是失蹤，政府發撫卹金給他父母，後來共產黨發布消息，政府就取消撫卹金。聽說林毅夫一心一意想回來，但是在前線叛逃是要槍斃的，現在沒有軍法審判了，如果他真的回來，將由金門地方法院審理。

美麗島事件

一九七九年，黨外人士說臺灣不民主，要解除戒嚴，在高雄示威抗議，爆發美麗島事件（高雄事件）。高雄憲兵隊政戰部主任跟我同名同姓，也叫王耀華；好多人打電話給我說：「你委屈了，被打了。」我說：「沒事！那個王耀華是政工幹校六期的校友，我是九期。」

事件中，化公提出「打不還手，罵不還口」的口號，並指示政戰體系以及向情治單位建議：「以緩和的方式處理，不能以暴制暴。」於是高雄憲兵隊政戰部主任王耀華下令：「執行老校長（化公）的指示：『打不還手，罵不還口』。」打了一拳都不還手，暴民還好意思打第二拳嗎？但是眷村媽媽們不同意這種做法，因為憲兵手持盾牌，異議分子把竹竿下面削頭，從盾牌下方戳憲兵的腿，眷村媽媽給激進分子跪下來說：「不要打了，我們都是做父母的。」我看了新聞好感動。

那時還是戒嚴時期，事件後有些人被逮捕，鷹派的人認為他們的行為觸犯叛亂罪。美麗島大審是公開的，我們都在電視上看到，每個人都請律師，蔣經國是開明的，沒有祕密，這個做法影響了全世界的觀感，讓全世界知道臺灣真的是民主國家。判決結果出爐，把鬧事的陳菊等人關起來，跟他們講道理：「你這樣做對國家有什麼好處？」

中壢事件也好，美麗島事件也好，劉少康辦公室都還沒成立，經國先生都是溫和地處理，化公受他影響，也主張溫和處理。當時沒有「臺獨分子」這個詞，而是

「異議分子」，意指不同意見的人。在化公的想法裡，我們都是一家人，異議分子是意見領袖，大家都在這條船上，擁有十足講話的自由，但是不要把船鑿個洞，鑿洞我們一起沉下去，這個他不贊成。化公跟許信良、施明德等人很好。「臺獨分子」是後來民進黨和國民黨罵來罵去用的。事實上，民進黨創始人主張「民主自由」，不是主張「臺灣獨立」。

劉少康辦公室

反統戰

一九七八年十二月三十一日中美斷交後，共產黨於一九七九年成立對臺統戰組，由鄧小平擔任組長，習近平的父親習仲勳是副組長，統戰內容是三通四流：通郵、通航、通商、經濟交流、文化交流、科技交流、體育交流。國民黨成立「固國小組」應對，召集人是國民黨中央黨部文工會主任楚崧秋，用意是在中共統戰攻勢下，鞏固內部的穩定。

到了一九八〇年，國民黨中常會認為，面對統戰，我們的方法要改變，主動攻擊才是打勝仗的主要原因，過去的守勢是不行的，應付不了。在國民黨中常會上，經國先生決定成立對應中共統戰的單位，把原本文工會底下的「固國小組」改成「王復國辦公室」，經國先生在中常會後交辦化公：「我們如何應對中共統戰工作？現在各部會各做各的，沒有一個專責機構，現在成立王復國辦公室，沒錢沒人，你自己想辦法。」化公推辭，說自己沒能力，他認為楚崧秋做得很好，應該繼續讓他領導。化公跟楚崧秋關係密切，兩人是中央幹校同學，中央幹校是經國先生在贛南復興關成立的。楚崧秋後來離開文工會，調去當中華日報社長，他也是我的老師。

後來蔣彥士祕書長仍要化公接掌王復國辦公室，蔣彥士代表的就是黨主席的意思，化公還是覺得自己沒有這個能力，一再推辭。蔣彥士只好向主席報告，於是經國先生再次召見化公說：「不要推辭了，這是我的意思，這事定了，非你莫屬。」因為經國先生是他的老師、是黨主席，化公是黨員，又是現役軍人，他當然服從，老師都這麼說了，化公不好意思再推辭，勉強答應下來，這也是一種使命。面對中共的統戰，過去楚崧秋採取守勢，他就採取主動攻擊。

化公是國民黨中央常務委員，當時是國防部總政戰部執行官，接受任務後，回總政戰部開會時說：「有錢要做，沒錢也要做！要徹底執行，想出辦法來。」當時我是總政戰部的侍從參謀官，剛開始規劃劉少康辦公室時，準備設立國內組、海外組、敵後組，化公說：「那這樣好了，現在我們找幾個單位來支援，安全局、警備總部、調查局。」他說小組運作三年就解散，也不需要正式編制，他當初就決定這工作只做三年，這是劉少康辦公室成立的背景。

化公心裡避諱王復國辦公室的「王」字，於是更名為「劉少康辦公室」，有夏朝「少康中興」之意。決定之後，由我負責聯絡、找資料。國防部五點半下班，還記得那天我買了便當回來在辦公室吃，大家研究一下，找哪些人來？國防部、安全局，調查局要找哪些人，譬如化公代表國防方面，外交部次長錢復代表外交方面、安全局是王永樹……等，再由這些人去找小組成員。劉少康辦公室正式成立後，又有另外一批沈之岳先生的人員進來，負責「團結專案」，所以有兩批人馬在運作，對外的名稱都是劉少康辦公室。

劉少康辦公室採臨時編組，沒有經費，成員有二十人左右，都是從各單位臨時借調而來，兼任劉少康辦公室的工作，領原本單位的薪餉，一個人做兩份工作，辦公室沒有額外人事費。除了政戰部，化公請國民黨中央黨部文工會、國家安全局……等單位派學有專長的人支援劉少康辦公室。每個禮拜二開會，找大家來，針對主題研究一下怎麼做，討論完就給蔣彥士（時任國民黨秘書長）報告，寫計畫給蔣彥士，由他具名呈給行政院長孫運璿，孫運璿同意了才呈給經國先生，最後決定權還是經國先生，這個可以做、這個不可以做。也就是說，劉少康辦公室真正的負責人是蔣彥士，化公跟蔣彥士說：「一切你負責，你下指導命令。」所以劉少康辦公室一切公文都是由蔣彥士具名簽報給行政院長或總統，化公問蔣彥士答應不答應？蔣彥士說他答應。於是由蔣彥士派一個親信趙孝風先生來管理辦公室的財務。這個單位很單純，純粹是針對中共反統戰的臨時編組，化公絕對沒有越權，他是非常守本分的人。

《錢復回憶錄》書中提到，「王將軍說劉少康辦公室成為新的復興社」，我不瞭解錢復的意思。可能他的意思是要鞏固領導中心，譬如在學校，你當社團社長之後，我們幾個同學鞏固領導中心，你身為社長才好做事。當年部隊以「主義、領袖、國家、責任、榮譽」為精神戰力的五大信念，就是在鞏固領導中心。而劉少康辦公室也是為了鞏固領導中心而存在，但不是「由特殊的情治單位來保護你」的意思。我不懂錢復講的那句話，我的理解就是鞏固領導中心，就像前任總統蔡英文也要鞏固領導中心，我們看的是總統的位置，要擁護她、保護她。

空間概述

劉少康辦公室位於臺北市信義路二段黎明文化大樓十二樓（黎明文化公司後來

搬遷至重慶南路），比較接近永康街，整層樓都是劉少康辦公室在使用，左右兩頭有洗手間，都是一男一女。為什麼在黎明大樓辦公？因為黎明大樓是國防部的財產，我們來來去去、開會比較方便。辦公室很小，很克難，大家都在這間大辦公室上班，我不記得有幾支電話。劉少康辦公室主任李廉單獨使用一間辦公室，他的辦公室有電話，因為他是負責人。化公反而沒有辦公室，因為總政戰部的辦公室在介壽館五樓，有會要開才到劉少康辦公室，其他時間都是用電話保持聯繫，譬如化公有什麼事情要跟李廉講，就由我打電話給李廉老師轉述。

劉少康辦公室幾個組長幾乎每天都來。辦公室每個人一個辦公桌，也有兩個人用一張小桌子，那時很窮，沒電腦，辦公室很小，大家擠得要命，屁股靠屁股。汪振堂、劉書德等人都是各自一張桌子，各組之間沒有隔間，辦公室有個保險櫃，資料不能外流，另外有間會議室，跟大辦公室合計約四十坪左右。會議室是長條狀的桌子，兩邊坐人，主席坐中間。工作人員天天上班，只有禮拜天休息，禮拜六還要從早上待到晚上凌晨一點，上夜班。我們沒有固定上班時間，隨時都在上班，也就是現代人所講的「責任制」。以前公務員都具有榮譽感、責任心，也沒有加班費，平常就買饅頭、包子、燒餅油條吃，非常節省。

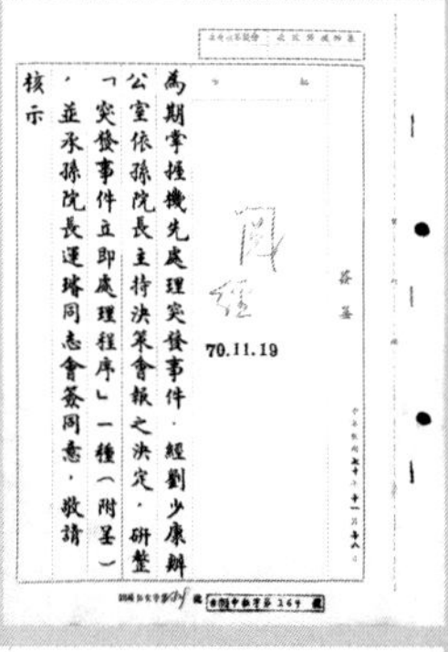
為期掌握機先處理突發事件，經劉少康辦公室依孫院長主持決策會報之決定，研擬「突發事件立即處理程序」一種（附呈），並承孫院長運璿同志會簽同意，敬請
核示

閱 經 70.11.19

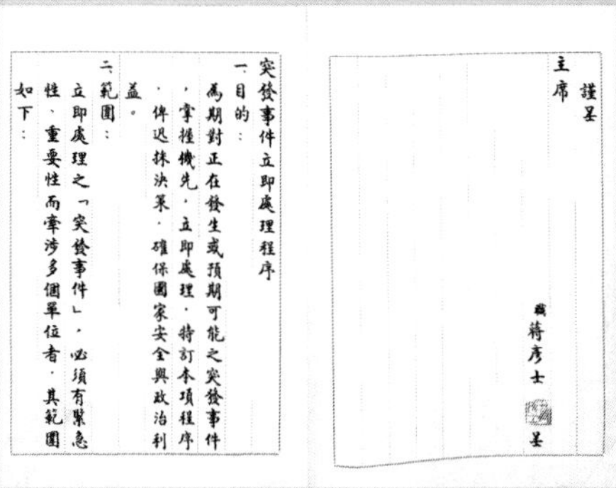
謹呈
主席
職 蔣彥士 呈

突發事件立即處理程序

一、目的：

為期對正在發生或預期可能之突發事件，掌握機先，立即處理，特訂本項程序，俾迅捷決策，確保國家安全與政治利益。

二、範圍：

立即處理之「突發事件」，必須有緊急性、重要性而牽涉多個單位者，其範圍如下：

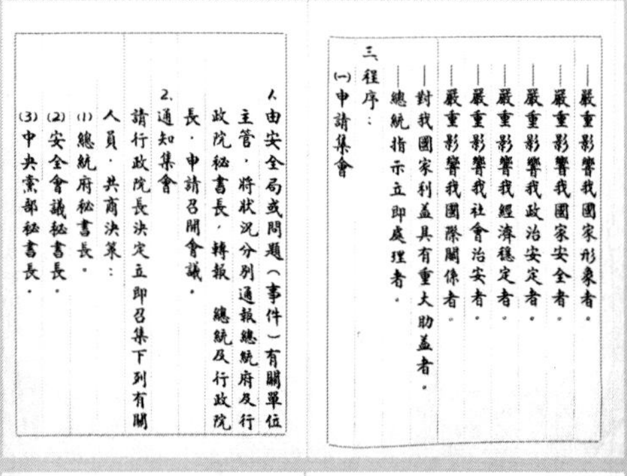
—嚴重影響我國家形象者。
—嚴重影響我國家安全者。
—嚴重影響我政治安定者。
—嚴重影響我經濟穩定者。
—嚴重影響我社會治安者。
—嚴重影響我國際關係者。
—對我國家利益具有重大助益者。
—總統指示立即處理者。

三、程序：

(一)申請集會

1. 由安全局或問題（事件）有關單位主管，將狀況分別通報總統府及行政院秘書長，轉報 總統及行政院長，申請召開會議。

2. 通知集會

請行政院長決定立即召集下列有關人員，共商決策：

(1)總統府秘書長。
(2)安全會議秘書長。
(3)中央黨部秘書長。

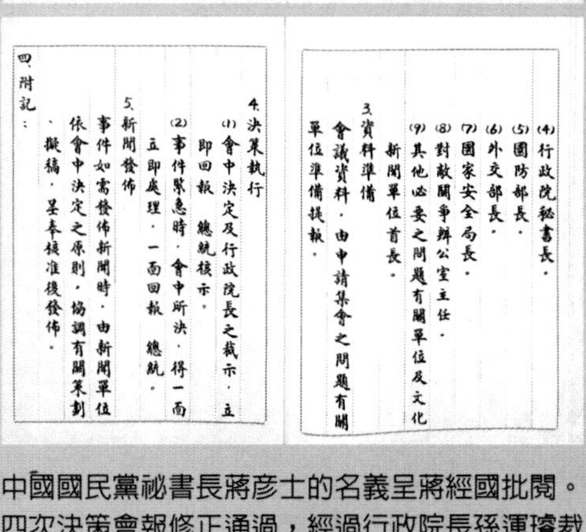
(4)行政院秘書長。
(5)國防部長。
(6)外交部長。
(7)國家安全局長。
(8)對敵鬥爭辦公室主任。
(9)其他必要之問題有關單位及文化新聞單位首長。

3. 資料準備

會議資料，由申請集會之問題有關單位準備提報。

4. 決策執行

(1)會中決定及行政院長之裁示，立即回報 總統核示。
(2)事件緊急時，會中所決，得一面立即處理，一面回報 總統。

5. 新聞發佈

事件如需發佈新聞時，由新聞單位依會中決定之原則，協調有關策劃、擬稿，呈奉核准後發佈。

四、附記：

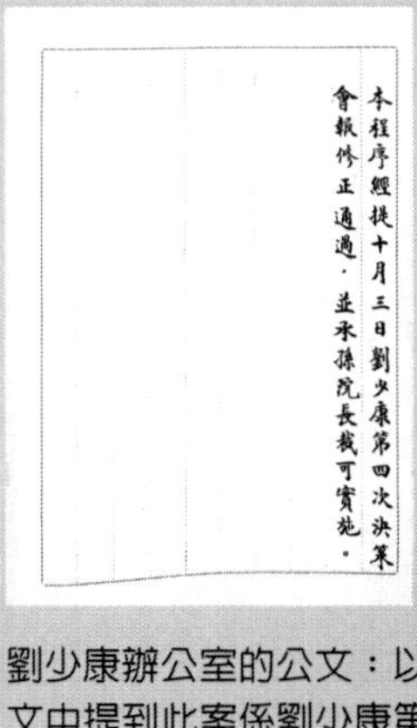
本程序經提十月三日劉少康第四次決策會報修正通過，並承孫院長裁可實施。

劉少康辦公室的公文：以中國國民黨祕書長蔣彥士的名義呈蔣經國批閱。文中提到此案係劉少康第四次決策會報修正通過，經過行政院長孫運璿裁可實施，沒有隻字提及王昇（王耀華提供）

人事分工

李廉教授是政工幹校老師，教我們心戰，我也上過他的課。劉少康辦公室成立後，化公請李廉老師擔任辦公室主任，兩人合作無間，俗話說：「用人不疑、疑人不用」，我既然用你，就會讓你放手去幹，不會懷疑，我用了你又懷疑你，何必呢？

李廉老師曾在《中華日報》擔任主筆、寫社論，曾任正聲公司總經理；個子很高，講話有點霸氣，做事負責，下筆很快；他是讀書人，有骨氣、有傲氣、有本領、有條件，有時會用打耳光的方式教育自己的小孩，老人就這樣，恨鐵不成鋼，傲氣十足。像作家李敖也有傲氣，李廉老師就那個調調，所以他有時講話語氣得罪人而不自知。譬如，有些大型的、重要的會議，希望由各部會首長、次長等大人物親自出席，雖然祕書已經發出通知，但李廉老師為求慎重、也為了禮貌，親自致電機關首長，提醒會議日期，可是他打電話給錢復、宋楚瑜的講話口氣卻是：「我們要開個會，請你過來一下！」而不是：「我們要開個會，拜託您親自出席。」又或者劉少康辦公室交給各單位去做的事情，李廉老師打電話去追進度、問成果，講話口氣又是那個調調，對方聽了就不高興。重要會議一定要由李廉老師這種等級的人去協調，大人物才會親自出席，因為劉少康辦公室主任李廉老師親自開口邀約了；如果只由辦公室的祕書發開會通知，大人物就只會派個科長代表出席。

劉少康辦公室有三個委員會：基地研究委員會、海外研究委員會、中國研究委員會，三個委員會沒有輕重之分，都很重要，端看事情性質。各委員會召集人是領頭羊，在原單位的辦公室上班，劉少康辦公室開會才來，畢竟劉少康辦公室坐不下，只有二十個人在大辦公室上班。

基地委員會召集人吳俊才是中央黨部副祕書長，在那個年代，中央黨部副祕書長的官位很大。基地研究委員會的祕書朱文琳是國家安全局退役少將，情報出身，跟習近平小同鄉，是同一輩，他爸爸跟習近平的爸爸都是陝西富平人，都是鄰居，老一輩的人一起長大，都互相認識，因國共內戰而分開。

海外委員會的召集人一開始是錢復，後來是丁懋時。海外研究委員會的祕書先後由劉國治、謝復生擔任。劉國治是中正理工學院畢業，美國麻省理工學院物理學博士，從國外進修回來，外交部次長錢復覺得他表現不錯，就讓他過去劉少康辦公室幫忙。多年後殷琪創辦臺灣高鐵公司，由劉國治出任高鐵公司總經理。謝復生是政大政治系教授，是警總政戰部主任廖祖述的女婿。

中國委員會召集人是徐晴嵐，曾任中央黨部副祕書長。中國委員會的祕書有張鎮邦、徐崇藝、王澄宇，這幾個人我不認識，不瞭解他們的背景。

各委員會都很重要，只有主題、方向不同，沒有輕重之分。委員都是掛名的、聘請的，不用辦公，大多是當權派。如果有事情需要討論再提供意見即可，大家腦力激盪，討論眾人的想法，得出結論後再提到決策會議。各委員會的祕書每天來上班，化公有什麼事會交代祕書，由祕書傳達給他的老闆，譬如化公把事情交代劉國治，劉國治就向錢復報告，通常是用電話傳達，有時會當面報告。其實，各委員會的祕書名稱只是「封官」，隨便給你一個職稱，實際上沒有這個編制。每個人負責自己要做的事情，譬如情報局來的就負責情報業務，同事之間也會相互幫忙，辦公室忙得時候，雜七雜八的事情一大堆，大家互相合作、互相團結。

劉少康辦公室的情報祕書是郁光，他是總政戰部政計會委員，擅長政戰業務，不是情報出身，曾當過高棉政戰軍援團團長，化公幫助高棉成立政戰幹部，防止部隊腐化、貪汙揩油。政計會用現代的術語來講就是做企畫案的。情報工作由張虎、鄧鶴庭、錢行偉、蘇成福協助。張虎來自政大國關中心。鄧鶴庭是國防部總政戰部第二處管文宣的參謀。錢行偉來自中央黨部，蘇成福來自僑委會，留美回來的。劉少康辦公室開會資料的情報來源是情報局、國安局等，譬如國安局會把資料交給在劉少康上班的人員，由這個人參與開會。

計畫祕書先後由李明、李在方、邢國強擔任，前兩位來自中央黨部，邢國強來自政大國關中心。計畫工作由陳濯明、楊台生、佟立家協助，他們都是留美回來的，腦筋聰明，見多識廣。

行政祕書是汪振堂，負責管理各種行政事務，包括財務、人事、紀錄工作等。由劉書德、陳子樸、康雅玲、鍾淑芬協助。劉書德是國防部的參謀，康雅玲、鍾淑芬是臨時雇員，負責打字、錄音、整理會議發言紀錄等工作，當年文書作業都找女生做，這些工作如果只有一個人做會忙不過來。

協調祕書是趙孝風。趙孝風是蔣彥士的親信，工作能力很強，專長是證券業務，曾任臺灣證券交易所總經理、證券櫃檯買賣中心董事長。趙孝風很少來劉少康辦公室，有事才來，來了講幾句話就走。

議題研究流程

劉少康辦公室平常由李廉老師主持「研究會報」，有安全局的人，也有國防部的人，如果發生社會事件，有資料的人才有發言權，沒資料的也沒關係，他們可以基於該單位的想法、做法，還有上級長官的交代而提出建議，辦公室總體目標就是「反統戰」。每個組給你一個任務，腦力激盪想辦法，大家討論，研究出結論，也就是所謂「研究會報」，具體措施擬出來，李廉老師就呈給「綜合會報」去討論。

會議地點有時在辦公室，有時去三軍軍官俱樂部，找幾個人吃牛肉麵，邊吃邊聊，突然靈光一閃，想出辦法來。我們的資料都是腦子想出來的，譬如共產黨喊：「和平解放臺灣、三通四流」我們怎麼辦？怎麼對應？李廉老師就找幾個教授到三軍軍官俱樂部聚餐、討論對策，想出「三民主義統一中國」、「三民主義是自由、博愛、民主」的口號，做成大牌子、大標語，讓部隊在大膽島豎立「三民主義統一中國」的牌子，廈門看得很清楚。我有個同學在小金門當政戰主任，他跟我說，對岸跟他反應：「『三民主義統一中國』的牌子太舊了，我們看不清楚。」於是他就叫阿兵哥把招牌擦亮。

越南淪陷多年後，劉少康辦公室成員在三軍軍官俱樂部研究怎麼喊出一個口號，想出來的口號是：「今日不為自由鬥士，明天將為海上難民。」這個口號很實際，很多地方都能應用，有學校老師跟學生開玩笑講：「今日不為班上鬥士，明天將為補習班難民」，講得真好。

其實各種研究會報並沒有特定名稱，研究會報也可以是「碰頭會報」，幾個祕書、教授碰個頭、隨便吃個飯、聊一聊就算開會。研究會報也可能是「早餐會報」、「午餐會報」，譬如化公到高雄，跟高雄地區的軍方人員、黨務人員、地方黨部祕書長、本黨工作人員見面，由於大家都很忙，乾脆在飯店簡單吃個早餐或午餐，同時研究各種情勢，這種研究會報也可以稱為「地區會報」。這是化公的習慣，他人走到哪，臨時想到什麼事情，就以國防部總政治作戰部主任的身分，在團管區、師管區召開黨政軍聯合會報，與各單位研究、協商，北、中、南部都可以開會，這個會議要叫「臺南會報」、「高雄會報」也可以。

化公是總政戰部主任，對劉少康辦公室同樣花費百分之百的心力，化公只有一個人，不可能一半劉少康，一半總政戰部。有一年颱風快來了，中南部的稻子要收割，化公打電話給我：「王參謀，是不是要阿兵哥幫忙收割？」這是總政戰部的事，不是劉少康的事，他腦筋想太多了，沒有分開來想，他時時刻刻在思考各種事務，總政戰部和劉少康辦公室兩個混在一起，隨時想到哪做到哪。

李廉老師召開會議研究過後，確定要推行某個工作，就呈給國民黨中央黨部祕書長蔣彥士，由他出面召開「綜合會報」，開會地點在中央黨部，要跟蔣彥士確定開會時間、出席名單，請祕書長決定。確定後，由汪振堂發出開會通知給外交部、國防部、內政部派人來。工作計畫來自劉少康辦公室，是化公的績效，但是他不居功，而是讓蔣彥士出面邀請、主持綜合會報。蔣彥士是黨部祕書長，協調各部會的與會名單，譬如希望新聞局由宋楚瑜局長親自出席來，實際上是由蔣彥士祕書趙孝風去協調各部會，譬如希望國防部、外交部派次長來，派層級高一點的官員出席，不要派科長來。

並不是每個會議都要求部會派高官出席，必須根據會議的重點邀請不同的人來。有些會議只是研究會報的層級，李廉老師把討論題目擬好就跟趙孝風講，譬如會議重點是海外組，怎麼安撫留學生、海外學人、怎麼交流，可以請哪些人來開會？趙孝風可能就會跟蔣彥士建議：「請錢復來一下好了。」錢復沒空就派司長來。名單確認後，由汪振堂以劉少康辦公室名義發出通知單。如果是綜合會報，一律以中央黨部祕書長蔣彥士的名義發出通知，也由蔣彥士主持會議。

劉少康辦公室只有建議權，呈報蔣彥士在中央黨部召開「綜合會報」，大家研究做法。通過後，由蔣彥士交給行政院長孫運璿，由孫院長主持「決策會報」。各單位實際負責人都會出席決策會報，包括國防部部長、參謀總長、總政戰部主任、總統府祕書長、行政院祕書長，大家開會研究事情怎麼處理，由哪個單位執行，哪個單位輔佐。每個單位有每個單位的想法，可把想法講給大家聽。做出具體方案後，由行政院長或中央黨部祕書長呈報給總統，總統再交代怎麼做法。劉少康辦公室的公文，是以蔣彥士的名義呈報經國先生，不用化公的名義，這是化公了不起、偉大的地方。從這些公文中可以看出，化公都是尊重蔣彥士，沒有越權。

化公權力不大，不能調動其他情治機關，只能參加決策會報，和其他機關協調工作。但是化公的腦筋夠，別人想不出辦法，他想得出來。國家有難，化公不得不出來幫忙，他也可以不管這些事，但這樣的話就是逃避責任，貢獻甚少，化公不是這樣的人，各種事情出來後，他想要解決，怎麼把大事化小、小事化無。化公的本質是一個肯做事、會做事、敢做事的人；肯做事即這件事我來做，有計畫、有想法，可能大事化小、小事化無；會做事即這件事我可以出點力氣做；敢做事即他勇敢負起責任來。

具體研究案例

一九八二年，中國女子壘球隊要以「中華人民共和國」名義來臺灣參加第五屆世界杯女子壘球賽，把臺灣看成地方，我們要不要接受？案子來了，劉少康辦公室是統合單位，找大家來商量，化公把這個議題交給基地委員會討論，要不要讓對方來？如果同意，要以什麼方式進來？新聞要怎麼發布？第一個提議：「歡迎你們投奔自由」；第二，從松山機場下飛機，沿途插滿國旗，比賽會場也掛滿國旗。這麼一宣傳，共產黨不來了。這事牽涉兩岸關係，那時還沒有行政院大陸委員會，就找教育部主管體育的部門、內政部警政署入出境管理局一起討論。

基地研究委員會並沒有做很多計畫要壓制黨外運動，而是順其自然，就像打球，球越拍跳得越高。劉少康辦公室沒有壓制，只有疏通，像施明德就很了不起，他的態度思想跟臺獨完全不一樣，主張大和解。化公跟蘇南成、許信良、施明德都是好朋友，他以愛心的方式跟異議人士疏通，並不是「爭取」施明德，而是建立私人感情。另一種互動方式是利益，但如果是利益往來，彼此豈不是要處處防備？沒有的，化公的做法是建立私人感情、和盤托出、肝膽相照，你就不會防備我，我們才有互信。

經國先生想解除黨禁、報禁、開放兩岸探親，外界不知道是由劉少康辦公室規劃，[9]只是尚未執行，化公就出使巴拉圭了。這些計畫資料我都交給國民黨中央黨部，後來政府完全照劉少康辦公室建議的計畫辦理。化公認為，光是壓制異議人士是沒有用的，必須相互競爭，別的政黨的領導中心做得比我好，老百姓就支持對方，我們做得好，老百姓就支持我們。

海外研究會的重點擺在爭取海外留學生、學者回來，宣傳臺灣的民主建設和經濟發展。同時，針對從臺灣出去的留學生、導遊，也請他們宣傳臺灣的民主自由。另外一個重點是和異議分子溝通，把他們請回來臺灣看一看，有學者說這是「收編」，也可以這麼說，總之就是請海外意見領袖回來參觀，幫助臺灣建設。

舉個例子，劉少康辦公室曾經有個「和風專案」（後來更名為「和諧專案」），由沈之岳指導）邀請海外異議分子回臺參觀，其中，旅日企業家邱永漢回來臺灣一看，發現臺灣發展得非常好，不是外界所說的那樣不民主、極權。於是邱永漢決定

[9] 劉少康辦公室規劃案相關檔案，現藏於史丹佛大學胡佛研究院檔案館。

在臺灣置產，在臺北市中山北路買土地，興建永漢大樓，創辦《財訊》月刊。

海外委員會曾舉辦「大鵬夏令營」，主要是安排海外學人、大學生到臺灣來，到木柵青邨幹訓班參觀、講習，跟臺灣最優秀的學者、教授見面、談話。這些都是親共的人，看了覺得臺灣真了不起，換我們「統戰」對方。而考取留學出國的學生要給他講習，最起碼要知道臺灣的好，到國外說服共產黨，反統戰。此外，也要訓練導遊，統一一套說法，請他們出國時進行文化宣傳。

廣東人喜歡吃肉，共產黨下功夫，把香港的肉買光，香港人想買肉買不到，我們臺灣知道消息後，劉少康辦公室策動「物價會報」，邀請財政部、經濟部、省政府派人參加，屠宰公會理事長也出席。從前有個規定，每個部隊都要克難養豬、養鴨，軍人的剩飯剩菜很多，就拿去餵豬、餵鴨，莒光日那天殺豬加菜。化公說，在城市的部隊無法養豬，位於鄉下的部隊可以養，讓這些部隊把豬肉賣給屠宰公會，公會把豬肉賣去香港。所以老共覺得很奇怪，肉都被共產黨買光了，香港怎麼還有肉？後來查出來是臺灣國軍部隊養的豬銷過去的。

團結專案

沈之岳先生從調查局長退休後，擔任國民黨中央黨部社工會主任。從主任一職退休後，由於他是情報出身，化公說：「我們出錢，請之岳兄負責團結專案。」團結專案就是針對意見不同的社會人士、意見領袖，也就是異議分子，不是臺獨分子，跟他們溝通。

團結專案在松山機場設有辦公室，凡是過境的人、意見不一樣的人，跟他們聊一聊、瞭解一下，希望他們回臺灣看看建設或回來工作，有意思的就來，沒意思的就算了。異議分子願意回來，社會就和諧了，異議分子是自願回來看看，政府不會強迫的，像邱永漢就這樣，菲律賓的于長庚、于長城看看覺得臺灣不錯，就不回去了。

沈先生在劉少康辦公室旁邊有獨立的辦公空間，不論劉少康還是團結專案，全都歸蔣彥士管，這是工作的一部分。沈先生是溫和、溫文儒雅的人，在劉少康辦公室沒派令、沒薪水，口頭講好就去了，老一輩做事都這樣，只做事，不談報酬，辦公室只能支應辦公費，吃碗牛肉麵而已，完全盡義務的。沈先生從事情報工作多年，為人非常低調，受到世人尊敬。

沈先生辦公室的工作人員之一是楊明恆，他是我的政工幹校七期學長，我是九期。我們畢業後要在軍中服務十年，楊明恆退伍後沒工作，我介紹他去沈（之岳）伯伯的調查局工作，他在調查局的學識、修養、口才各方面表現都不錯，沈先生很喜歡他，經常要他幫忙。劉少康辦公室成立之後，沈之岳下面需要人手，就找楊明恆和陳豐義過去，陳豐義是七期學長，非常優秀，當過國防部長辦公室主任、監察院祕書長，也是我介紹給沈伯伯的。劉少康辦公室結束後，楊明恆到僑委會服務，被派到美國洛杉磯當僑務祕書。

大陸研究委員會的人有徐晴嵐、白萬祥。中央黨部有大陸工作會，他們都是陸工會的人，等於是跟中央黨部結合在一起。沈之岳跟徐晴嵐、白萬祥關係很好。沈先生年紀大，退休了，他說：「大家都是好朋友，現在我做這個工作，希望你們支持。」

一九七八年十二月美國宣布與我國斷交，老百姓心裡想：「完蛋了！美國斷交了，我們孤孤單單的，心裡很難過。」於是政府要團結海內外同胞，成立中華民國團結自強協會，我現在仍是該協會的常務理事。另外還成立三民主義大同盟。團結自強協會推出「自強年」活動，口號是「莊敬自強、處變不驚」，每個鄉鎮家家戶戶掛國旗，社會一團和氣。

林義雄與陳文成案

一九八〇年發生林宅血案，林義雄的家人被殺。當時化公在臺南空軍基地跟官兵座談，我接到國防部總值日官的電話，向化公報告，他說：「誰搞的？不應該這樣，太殘忍了，怎麼殺人全家。」這件事他不贊成這樣做。我們猜不到是誰做的，當時刑事警察局局長曹極講，他會查出來，不過一直到他過世，都沒有查出真凶。我們推論可能是黨外人士自己做的，目的是製造民間和政府的仇恨。

一般來說，警備總部約談完，一定會把人送到家，交給父母、家人，一九八一年，警總約談陳文成，把人送到住處門口說：「你自己回去好了。」後半段就不知道了。沒想到陳文成從樓上摔死了，他的屍體在臺大校園被發現，自殺、他殺搞不清楚，研判是在樓梯上被推下來摔死。如果像學者所言，警總要是能一直監控當事人，並將他送回家，看他安全進入家門，那麼陳文成就不會死。化公經常視察各地部隊，高雄、金門、馬祖、外島都去，我們是在桃園跟官兵座談時接到消息。林宅血案和陳文成命案到現在都沒有破案，成為無頭案。

白色恐怖、林宅血案、陳文成案，為什麼大家都認為是化公做的？這些事都不是化公做的，那些說法都是栽贓，外界說化公是蔣經國的愛將，又是總政戰部主任，又成立劉少康辦公室，所以一定是他去幹的，其實不是，都是嫁禍於他。

江南案

劉宜良是我政工幹校的學長，他是三期，我是九期。劉宜良以「江南」為筆名寫《蔣經國傳》。我們用緩和的方式，動之以情，勸說江南，希望他寫的內容不要太負面、批評太多，江南可能沒採納。化公向情治單位有關人員建議，找人勸導江南，教訓一下就算了，不要把他弄死，千萬不要找黑道的人，千萬不要變成暗殺，一再警告。沒想到一九八四年發生江南命案，那時已經跟我們脫離關係了，化公一九八三年就到巴拉圭擔任大使。《聯合報》記者打電話來，巴拉圭是白天，臺灣是晚上，我接到電話，記者問我：「江南案這事怎麼樣？」我說：「王老師已經到巴拉圭，這事跟他毫無關係，劉宜良是復興崗的學生沒有錯，幹校畢業生那麼多人，每個都算化公的學生。」結果報紙寫：「王昇的學生打死王昇的學生。」因為行凶的吳敦是政工幹校十九期肄業，為情報局工作。

如果化公還在國內，沒有擔任大使，這事不會發生，化公一定阻止，我們真的沒想到會發生這麼大的事。陳啟禮很厲害，情報局人員跟他交代任務時，他偷偷錄音，事情發生後，陳啟禮拿出錄音帶保命。後來，情報局長汪希苓被關在景美監獄的小房子裡，日常吃喝都很好，只是被限制行動自由。情報局第三處上校副處長陳虎門也被關，他是我同學的弟弟。

劉宜良的遺孀崔蓉芝我很熟，我都叫她學嫂。多年以後，我從外國調回臺灣，擔任華視的業務經理。有天她請名記者陸鏗在永福樓吃飯，叫我作陪。陸鏗的旅館就在永福樓旁邊，我跟陸鏗說：「老師你真厲害，人財兩得。」怎麼說呢？劉宜良死後，很多事情都由陸鏗協助崔蓉芝處理，包括官司等繁瑣的庶務，兩人日久生情，後來就結婚了，所以政府的賠償金也由他們拿了。

化公訪美

化公尚未創辦劉少康辦公室時，丁大衛（David Dean）是美國駐中華民國大使館政治參事，他後來成為美國在臺協會首任理事主席。丁大衛想蒐集中國文化大革命的情報以及中國匪情現況，請求化公協助。文化大革命時期，共產黨提倡「不愛爸爸媽媽愛史達林」、「爹親娘親不及毛主席親」，叫兒子打老爸；習近平鬥爭他爸爸，還打他爸爸一拳；據說中共重慶市委會書記薄熙來把他爸爸薄一波的肋骨都打斷了。化公將這些情報，加上鄭學稼老師的匪情研究，一起交給丁大衛。當年政戰部每個禮拜舉行匪情座談一次，一次一個下午，與會的教授都要講話，談很久，建立關係。

一九八三年，美國在臺協會臺北辦事處處長李潔明（James R. Lilley）邀請化公訪美，美國人給他兩個名額訪美：他本人和祕書，也就是帶我隨行；但化公為了避嫌，不帶我，而是帶參謀總長郝柏村的英文祕書馬宗堯上校。在美國訪問期間，國家安全局派汪希苓將軍跟著化公。這一切都說明化公做事坦蕩蕩，不帶私人去美國。

有人說什麼化公功高震主、跟美國祕密座談，憑良心講根本沒有，都是在談匪情，那些莫須有的指控都是在造謠、誤解了化公。美國曾經教導我們心戰的方法，用空飄氣球裝傳單，飛到中國去。多年後，臺灣出生、曾經在中國任教的知名作家陳若曦女士來看化公，覺得他了不起，她說：「你們的空投豬油，這個東西大陸老百姓好愛，懷孕婦女夏天耕田，昏倒了，把豬油抹在嘴上，就醒過來，你們這點做得太好了。」

劉少康辦公室解散

為什麼劉少康辦公室會在一九八三年解散？因為階段性任務完成，該做的都做了，兩岸探親、報禁、黨禁的計畫。就好像一個父親，把兒子培養到國外留學回來，爸爸的任務完成了，孫子我就不用管了。

化公在總政戰部做了很多有意義的事情，譬如軍公教福利中心、副食供應站、五指山國軍示範公墓、國軍眷屬住宅合作社、黎明文化公司、中華電視公司、中央廣播電臺、遠朋班、高爾夫球場，都是有意義的事。別人眼紅他做了這麼多事情，批評他做了不該做的，是個麻煩的人，所以讓他離開臺灣好了，這是劉少康辦公室解散的一個說法。

此外，習仲勳是中國「擒王小組」召集人，他看化公先生做了很多事情，認定：「將來蔣經國的接班人肯定是化公。」故意打擊化公，造很多謠，說王昇製造白色恐怖、竄位、功高震主，習仲勳把這些新聞發布到海外去，海外內銷到臺灣來，部分人士就整理起來，故意製造謠言，嫁禍給化公。

澄清外界誤解

學界人士發表對化公的評論，那是學術研究，我不批評任何人。但是我必須本於事實，澄清外界對化公的誤解。

有人說劉少康辦公室是小中常會、太上中央黨部，這種說法完全是假的，不應該這樣造謠。劉少康辦公室是個研究單位，從蔣彥士呈給經國先生的公文就可以獲得證明，公文內容提到，劉少康辦公室做了專題研究，如何勸說共產黨放棄共產主義、實行三民主義，工作人員拿毛筆把公文寫好，呈報蔣彥士，蔣彥士呈報經國先生，經國先生同意後，交蔣彥士送中常會討論，那時國民黨中常會權力大得很，每個禮拜三開中常會，核定後送行政院，禮拜四開行政院院會，院會通過後執行。

如果化公有意思透過劉少康辦公室奪取權力、擴張權力，他應該用自己的人馬，找總政戰部的人進去劉少康辦公室，而不是成立一個臨時編組，邀請外交部、調查局、安全局等其他單位推薦人進來。之所以會有這些謠言，是因為化公管事管太多，即所謂「棒打出頭鳥」。其實劉少康辦公室提出的建議，經蔣彥士、孫運璿開會協調，做成結論，經國先生作最後定奪權。換言之，我們是集體領導，劉少康辦公室的化公角色像是幕僚一樣，凡事要長官通過，沒有什麼權勢，他沒有能耐當威權的代表。

當初我們推行莒光日，是因為部隊輔導長沒什麼學問，小兵對政治課沒興趣；化公了不起，他說研究一下，花錢不多，跟教育部合作，在中華電視臺推出莒光日電視教學，也就是現在熱門的「遠距教學」，請一位專家學者來演講，每個禮拜四上午，部隊統一收看莒光日，還有育樂節目，阿兵哥可以唱唱歌，當天還加菜，舉辦慶生會。莒光日效果很好，全國軍隊都聽得到，官兵都覺得很好。當年各行政機關禮拜一開週會，請專家演講，沒什麼話講就散會，沒什麼意義。有人提議，國防部莒光日做得很好，可以推行到行政機關，就由中央黨部研究，給行政院長孫運璿報告，孫運璿那天到國防部來看，我在旁作陪，孫運璿看了覺得很好，既然很好，我們是不是全國來實施？問題出在有些人討厭這事，不贊成這個東西，社會賢達反對，認為禮拜一不需要做莒光日，他們就是意見不同的異議分子，討厭我們這樣做。孫運璿自己同意的，他們嫁禍給孫運璿，說他反對，故意挑撥。

就像最近（二〇二一年）國民黨改選黨主席，朱立倫、連勝文、趙少康、周錫瑋、江啟臣，大家見個面聊一聊如何救國民黨，可是朱立倫前主席這天有事沒辦法來，日後就有人挑撥了，說朱立倫反對聚會，跟現任主席江啟臣「王不見王」，所以沒參加；朱不是反對，而是真的有事，另有行程。這就是每個人嘴巴不一樣，用二分法故意挑撥黨內的團結。

劉少康辦公室研討出來的案子，大家覺得不錯就推行下去，如果實行結果不怎麼樣就停辦。比如劉少康辦公室在一九八三年結束，那是因為階段性任務已經完成，辦公室所提出的包括「三民主義統一中國」的口號、建議開放探親、解除報禁、黨禁，所有計畫都做好了，主席覺得好就執行，如果實行效果不好就不執行。可是別人卻製造很多謠言，說什麼「王昇遠離權力中心、被下放」。

有學者說劉少康辦公室所做的保防工作是在控制臺灣人民，那都是學者亂講。

如果有一間公司出了漢奸，員工出賣你，把公司的產品情報、研發成果偷偷摸摸拿給別家公司，老闆一看，你對公司不忠，老闆還要不要你？就是這個道理。雖然民間企業沒有「保密防諜」一詞，但保護營業機密就是一種保防工作。有些學者說，劉少康辦公室是在鎮壓臺灣人民，這個說法完全錯了。事實上，化公是要讓全世界知道臺灣民主開放的結果，如果有人問：「民主政治如果出了毛病，要怎麼辦？」化公說：「以更民主來醫治！」也就是：「經濟學臺灣，政治學臺北。」

還有學者認為劉少康是大型的情報機構，這是不對的。劉少康辦公室純粹只做鞏固領導中心的工作，把研究方案提報中央黨部召開會議，有了決議之後，由黨部報行政院，由行政院長主持會議，得出一個結論出來。劉少康辦公室等於是幕僚、參謀機構，也就是現在的「智庫」，化公等於智庫的頭，沒有權力調動各情治機關，只做對國家有意義的事，當國家面臨困難時，智庫提出建議而已。

不過，我也認為國民黨的白色恐怖確實有檢討的必要。唱戲的徐露阿姨曾經跟我講，她父母是江蘇人，有個親戚要從中國來臺灣，由他父母作保，那個人好像有點匪諜的嫌疑，就把徐露父母抓去關起來，那時處處防範匪諜，所謂「匪諜就在你身邊」，造成白色恐怖事件。

有一種說法認為，蔣經國在中壢事件、美麗島事件是比較嚴厲的，直到一九八四年江南案發生後，因為有美國的壓力才變得溫和，化公就是在嚴厲時期被蔣經國授與權力，這個說法是不對的。化公從來沒有「接班」的想法，試問，中研院的研究員，會整天想著去接中研院院長嗎？不可能的想法嘛！化公只是做好自己分內的事，退休後就去學校教國父思想、寫書。我自己在淡江大學修滿教育學分，也在政工幹校教書。化公並不是一個野心勃勃的人，他具備責任感，承擔主席交付的任務。

化公卸下總政戰部主任，轉任聯訓部主任時，到政戰學校辭行，我陪著他去的。他站在中正堂（大禮堂）講臺上，底下的軍官、學生不到三百人，他說：「我一輩子反共、反臺獨，把我王昇一個人打倒了沒關係，你們下面成千上萬都是王昇，都是反共、反臺獨。」政戰學校校長林強把他的講話錄音整理成講稿，下個標題「王昇是打不倒的」，呈給參謀總長郝柏村看，總長呈給蔣經國總統看。這標題曲解了他的意思，說他在「放話」，企圖藉此鬥倒化公，事實上他是在鼓勵政戰學校學生反共、反臺獨，化公真是冤枉，被人陷害。

化公不是蔣經國的接班人，也不是一個想當高官的人。當年李登輝要選總統，找化公幫忙，他說：「化公，你對選舉非常有經驗，蔣公時代選舉投票，都是百分之百投他。國大代表你都有辦法，是不是你幫助我選總統？重要的職務你來做。」化公說：「我離開國內這麼久了，國大代表都不熟了，可能沒法幫你的忙。」化公在政大教三民主義教了八年，三民主義是我們正統的治國方針，「你要實行三民主義，不要搞臺獨，把國家越做越小。」李登輝聽了不高興，所以化公就回巴拉圭去了。假使化公想做官，跟李登輝說：「沒關係，我幫助你！」那麼，李總統當選後，國防部長或行政院長可能就是化公。

有學者指出，「一九七〇年代，臺灣社會浮動，蔣經國強力鎮壓，打手是化公，後來化公做得太過火，社會反彈很大，因此蔣經國把化公放逐，政策也一百八十度轉變。」絕無此事。在那個年代，許多上將退役後，體格還很好，還可以替國家做事，從事外交工作，譬如陸軍上將胡璉到越南當大使，陸軍上將彭孟緝擔任駐日本大使，陸軍上將羅友倫到駐薩爾瓦多當大使，海軍上將黎玉璽為土耳其大使，海軍上將宋長志是駐巴拿馬大使，空軍上將王叔銘接任約旦大使，陸軍上將化公也是如此。

還有人說，化公離開總政治作戰部是從天堂掉到地獄。實情是他已經在一個凳子坐了十八年，他的辦公室位於介壽館三號門進去的五樓，歷任副主任、執行官、總政戰部主任，軍中有個術語叫「久停久任」，意思是一個人久任一職，在同一個職務做太久了，應該要改變一下。總統看化公還有能力，發布他為駐巴拉圭大使，給他負責這個任務。可是有些人就使出二分法、挑撥是非，說：「總統不喜歡你，讓你離開。」對化公而言，他在總政戰部做了這麼久，心裡想著老百姓，憂國憂民，頭髮都掉光了，化公覺得自己辛苦了這麼久，換個位置也好。至於他心裡難不難過？每個人看法不一樣，我相信化公始終把經國先生視為教育長，是「教育長愛護我、為我好，離開這位置休息一下，使我多活幾年。」

隨化公出使巴拉圭

跟隨老師出國

一九八三年，化公從總政戰部主任調到聯訓部主任，半年不到又被派任駐巴拉圭大使，大家都在看他笑話。我也跟著王上將從總政戰部調到國防部聯訓部主任隨員室，只待了四個月就去巴拉圭，成為駐巴拉圭使館上校副武官。臺灣是個大家庭，經國先生誤信謠言，以為化公在家庭裡不乾淨，造成社會不安定，還說他是接班人。對大人物而言，喜歡你就留你在身邊，不喜歡你就用各種理由讓你離開，「不是我的意思，是老百姓的反應。」

經國先生召見化公，要他到巴拉圭當大使，當時化公的心情跌入萬丈深淵的谷底，回到聯訓部辦公室問：「巴拉圭在哪裡？」我找個地球儀來看，在地球另一端、臺灣的對面。我說：「要不要去？不去算了，您是上將，可以在大學教書。」化公說他是軍人，要聽國家的命令。「教育長（經國先生）叫我到哪去，我就到哪去。經國先生叫我做，是看得起我，我拚命做。不叫我做，換個職位我也可以，我到大學教書也可以。」我說我不去巴拉圭，因為我有爸爸（父親還健在）！化公說：「你跟了我這麼久，幫助我嘛！」一個老師對學生講：「你幫助我。」我聽了心裡好難過，回去跟父親商量，父親說：「你應該跟他去。」我就離開家跟化公去巴拉圭。另外，化公請辦公室的張姓士官長到巴拉圭擔任駕駛，但他也有父親，一開始也不想去。

如果我沒去巴拉圭，一直待在國內也有發展，可是當時沒什麼人陪化公到巴拉圭去，我陪著過去他比較放心。還記得我們從機場出發的那天，現場人士有王大使（化公）、王夫人、國防部長宋長志、參謀總長郝柏村、湯守明（西班牙語翻譯）、張姓士官長（駕駛）、陳姓廚師、我，以及我太太和兒子；太太和兒子是來送行的，後來我太太也去了巴拉圭。化公剛卸下總政戰部主任、接聯訓部主任時，還能有個樣子，現在出國當大使，送行的卻只有寥寥幾個人，可謂「人前冷落車馬稀」，因為化公下臺了，世態炎涼，實在淒涼，我一上飛機就哭了。但是化公說：「我是教育長的學生，他叫我到哪裡，我就到哪裡去，軍人沒有選擇戰場的權力。」

改善當地人民生活

我們剛到巴拉圭，發現當地社會什麼都沒有，有個禮拜天，我陪王大使去一個大水溝泡水，等於游泳，玩完上來，一身都是泥巴。巴拉圭鄉下人住在棕櫚樹搭的棚子裡，地面都是沙，生活很苦，沒有電，夫妻到了晚上就「辦事」，每戶都生十幾個小孩。婦女分娩時很慘，生孩子沒有病床，只能在郊外的樹下生，把臍帶剪掉、血洗掉，馬上就回去上班，婦女命很短。王大使邀請衛生署長張博雅到巴拉圭視察，協助成立產房中心；巴拉圭人懶得要命，國民所

王耀華在巴拉圭與該國外交官聚會交流

得很低，只有五百元美金，機器設備都要錢，不可能叫當地政府出錢，只能另外想辦法；張博雅從臺灣運來醫院淘汰的舊儀器，訓練當地人接生，並且教導當地人坐月子的觀念，這段期間要吃好料的。巴拉圭一個先生可以娶五個太太，但是正式的只有一個，很多小孩只有媽媽，沒有爸爸，因為長年打仗，男人都戰死了，孤兒特別多。而且一個女人可能跟不同男人生小孩，給姓蘇的生一個，給姓蔡的生一個，小孩的名字是把母親的名字加在前面，把爸爸的名字加在第二順位。

巴拉圭的小豬沒有閹過，只有十公斤，平常放養吃草、吃垃圾，這種豬肉味道很腥，不好吃。王大使要我回臺灣，參觀臺糖位於臺南的養豬場，學習怎麼把豬養大，臺南的種豬高達一千多公斤，農技團取出種豬的精子，坐飛機運到巴拉圭，成立養豬中心，注射在巴拉圭的母豬身上，小母豬一隻只有十幾公斤，生出來的豬都能長到七、八十公斤，甚至一百多公斤，巴拉圭人都說：「王大使真是神！」

巴拉圭的皮蛋五塊美金一顆，從巴西運來的，對當地人而言很貴。王大使在巴拉圭設置養鴨中心，從臺灣空運孵蛋機器和一萬顆鴨蛋到巴拉圭，運輸途中撞破五千多顆，還剩四千多顆可以用。用機器孵蛋，能孵出四千多隻鴨子，巴拉圭人覺得奇怪，鴨子怎麼由機器來生？以前沒看過。王大使送給巴拉圭的將軍、部長，每家送五十隻鴨子，四十九隻母鴨，一隻公鴨，生過一次以後，雖然母鴨會下蛋，卻孵不出小鴨子，奇怪的很。他們問王大使怎麼回事：「你們可以，我們為什麼不可以？」我們對這些事不懂，就問農技團，他們說：「對，出國的時候動手術結紮了，只能一代單傳。」原來臺灣農技團搞小動作，留一手。

巴拉圭的蔬菜、馬鈴薯都是從巴西進口；平常燉一大鍋馬鈴薯和骨頭當主食，營養還可以。我們以克難的精神幫助巴拉圭民眾改善生活。農技團還教導他們種馬鈴薯、種番茄、養豬、養鴨等，讓他們一點一滴增加所得、擁有技能，就像俗諺說的：「給他魚吃，不如給他魚竿教他釣魚。」巴拉圭人很感激王大使。

中南美洲沒有生薑，我們帶生薑去巴拉圭，在燒魚、燒肉上放幾個生薑，可祛寒、去腥味，他們覺得羨慕。玻利維亞、智利人喜歡吃海鮮，他們覺得奇怪，為什麼中國人的魚、蝦吃起來都不腥？還有人特地從玻利維亞、智利來巴拉圭買生薑。

大使館每個禮拜四做春捲，邀請當地民眾享用，他們以前沒吃過，但吃過一次就愛上春捲，小孩們每個禮拜四自動集合來大使館附近的河邊吃春捲，覺得：「中華民國對我們太好了！」

巴拉圭的芭樂很小，只有一點點。臺灣的芭樂是從泰國學來的，很大，又甜又好吃。巴拉圭滿地都是玉米，是餵牛吃的，人不吃，因為他們覺得玉米不好吃。我們將臺灣甜玉米送給巴拉圭人，讓他們改良，從此以後巴拉圭的餐廳天天拿甜玉米出來當飯吃。

我國農技團團員在巴拉圭成立花卉中心，教他們種植玫瑰花，一根莖非常粗，開出來的花有黃的、白的、各種顏色，擺在桌上，參觀民眾都嘖嘖稱奇，怎麼有一支開出不同顏色的花朵？原來是透過接枝的技術。臺灣花卉在巴拉圭很有名，農業外交比政治外交好，更有績效。

王大使駐巴拉圭之後，當地小孩吃春捲，分娩婦女住產房，農民養雞養鴨，又會種蔬果，改善環境，提升生活品質，日子一久，竟發生一件很妙的事情。有一天，有幾個外地來的民眾聚集在中華民國大使館外頭示威抗議，說：「這麼好的環境，為什麼不幫我們村子弄呢？」我瞭解村民的訴求後，向王大使報告，他說：「門打開，讓抗議的人進來。」我們請抗議民眾坐在客廳裡，招待茶點，每個人兩條春捲、一杯臺灣高山茶。王大使說：「你們遠道而來抗議，想必肚子餓了吧！先把春捲吃掉，茶喝掉，再換我來講好不好？」這些民眾沒吃過春捲，一開始不敢動，我們先吃給他們看，他們才敢吃，覺得很好吃。王大使說：「巴拉圭有十個農業示範村，是我們做的，但論到選地方，大使館沒權；我們可以幫助你們生產，至於選哪個村子，是你們農業部的事，不是大使館的事。」他們聽了都覺得有道理，於是轉往農業部去抗議，王大使是很有頭腦的人。

奠定外交基礎

化公擔任駐巴拉圭大使，對中巴邦交貢獻很大，兩國建交六十多年沒斷交，就是靠化公打下的基礎。因為王大使在巴拉圭協調國內各單位，推動相關計畫，建立農業示範村、養豬中心、養鴨中心、養雞中心、花卉中心、蔬菜中心等，改善當地人民生活。每次巴拉圭政府領導人要跟中共建交，老百姓就反對，因為他們看了玻利維亞跟中共建交的前例，中共承諾要做的建設都沒做，而中華民國政府說到做到。中共建交的手段很厲害，他們舉例子給巴拉圭老百姓聽：臺灣兩千萬人口，頂多跟巴拉圭買兩千萬條皮帶，中國八億多人口，可以買八億條皮帶，「建交之後我們跟你們買皮帶、讓你們賺大錢。」

化公也在巴拉圭從事群眾工作。在這種貧窮國家，首要之務是找工人下手，包括在餐廳打工端盤子的領班、計程車司機、公車司機的頭，讓他們到「勞工領袖班」受訓，結業後完全變了一個人。「勞工領袖班」的構想來自「遠朋班」。一九八五年左右，政府組織一個學者團到巴拉圭宣慰僑胞並演講，介紹臺灣現況。婦聯會在巴拉圭興建中正僑校，把所有華僑集合起來。當時王大使要搞一個示範村，但外交部反對，認為化公在作秀，我聽了很生氣、難過。

回顧這幾年，我覺得，經國先生叫化公擔任巴拉圭大使是為了他好，如果待在國內，每天定會受異議分子批評，心情頂難過，吃睡不安定。化公在巴拉圭八年左右，一九九一年返臺擔任總統府國策顧問。我們在巴拉圭做了很多事情，成立僑校、輔導當地人生產、建立農業示範村，做得不錯，化公經常說：「我如果在國內，沒機會做這麼多事情。」

美國外交工作

一九八八年，我奉核定停役，卸下軍職，轉任入出境管理局薦任專員，被調到外交部在美國休士頓的臺北經濟文化辦事處當祕書。當時處長是楊進添，副處長是羅由中，另有經濟、政務、會計人員，均由外交部選派，其他還有僑務、安調、僑教、商務人員，分別由國安局、調查局、移民署、教育部、經濟部選派，大家合作，相處融洽。我在休士頓的臺北經濟文化辦事處擔任祕書，負責安調工作，除了協助簽證，我利用假日到外地各大學訪問臺灣留學生及在地華籍人士，解決疑難雜症，如協助張安樂返臺、留學生緊急返臺等。我也參與僑界各項活動，阻止他們與中國異議分子過分交往，宣導我政府德政，選拔華人優秀子弟返臺就學，頗具績效。從一九八三年隨王大使出使巴拉圭開始計算，我可說是在外交領域待了十年，一九九三年回臺。

說到外交，有件趣事。我在幹校教導大隊時有個同學姜大昌，我們從小一起長大。他老太爺在廚房工作，擅長做菜，包括咕咾肉、炸八塊、春捲、巴士香蕉等。

後來姜大昌移民美國讀書，獲得碩士學位，在華盛頓特區附近開中國小吃店。美國人很可愛，吃剩半碗酸辣湯及半條春捲，想帶回去給太太吃，我同學說：「好。」酸辣湯盛一碗滿滿的，春捲剩半條想打包，同學再加一條讓老美帶回去，於是他的生意越來越好，尤其美國國會議員都喜歡在那裡用餐。我國駐華府代表處的外交官員想見美國議員卻見不到，怎麼辦？就打電話給我同學：「某某議員今年來訂位沒有？」因為外交部的人沒辦法到國會和議員見面，就到我同學的餐廳看議員。同學轉述給我聽，我覺得了不起。

王昇晚年事蹟

促進中國現代化學術研究基金會

化公一九九一年從巴拉圭回來，一九九二年成立「財團法人促進中國現代化學術研究基金會」，以推動中國現代化問題之學術研究，並促進中國邁向自由、平等、富強之現代化國家為宗旨。這個基金會由眾人捐款所成立，包括王昇捐款三百萬，廖祖述一百萬，易勁秋三百萬，陳祖耀一百萬，黎明書局一百萬，勝安投資公司一千萬，中華電視公司一千萬，中國電視公司……等。基金會和對岸也有交流，聯繫窗口是海協會陳雲林。

我一九九三年從美國回來，原本在華視擔任經理，後來化公跟我說：「你在華視這麼久，到基金會陪陪我好了。」華視薪水很高，我在現代化基金會擔任執行長沒有薪水，只有車馬費，這就是情感，為了報答化公老師，他叫我過去幫忙，我就去。我曾經陪他到雲南、廈門訪問、開研討會，開完會，對方安排我們觀賞平劇演出，以示歡迎。

一九九六年，化公到上海跟汪道涵見面，汪道涵說：「我們老一輩打了一輩子的仗，兩岸是不是坐下來談談，做文化交流，今後就不要打仗了。」促進中國現代化學術研究基金會主要從事國內外及兩岸學術交流活動，邀請各大學教授座談、發表論文。共舉辦二十一次，其中化公主持過十八次，二〇〇六年化公過世後，由梅可望先生接任基金會董事長，主持過三次。二〇一六年梅可望過世後，由銘傳大學校長李銓擔任董事長，銘傳大學行政人員協助基金會運作，業務比較縮減了。

基金會也帶大學教授以及各地的村里長去中國參觀，每年暑假去一次。我們跟對岸討論會議細節時，原本彼此都要落地接待，但中國方面經費充足，他們弄得起來，我方經費有限，弄不起；因此決定，假設是去中國開會，由陸方負責前三天會議所有吃、住費用，後續後七天的參訪費用由我方出錢，機票也是自己出錢，也就是只有三天是落地接待，但至少已經省下一些費用。我們在中國參觀時，有個導遊介紹當地的綠化成果時說：「要想富，先開路，少生孩子多種樹。」我說這樣不對，應該是：「要想富，先開路，多生孩子多種樹。」我跟中國學者說：「你們實施一胎化，將來會後悔，因為人口越來越少，不利生產。」他們看到臺灣的好，也覺得有修改一胎化政策的必要。

王昇（左二）晚年，中為王耀華

我們到過東北瀋陽、黑龍江，還有蒙古、新疆、海南島，還曾到甘肅舉辦研討會，探討氣候暖化、聖嬰現象、PM2.5……等氣候變遷議題，共產黨把座談資料帶到丹麥哥本哈根，參加環保會議，臺灣學者真了不起，現代化基金會辦的活動很有意義。

基金會邀請過政治大學、中興大學、文化大學的教授座談，包括孫震、鄭丁旺、楊天森、李銓……等，都是著名學者。我把前十次有價值的論文編成兩本書：《中國現代化研究（上）》、《中國現代化研究（下）》，集結教育現代化、家庭現代化、經濟現代化、學術現代化等文章，原本最後一個議題是「政治現代化」，但對岸覺得政治議題比較敏感，我說：「好，改成管理現代化。」教授開會完、用完餐，座談完了就沒有了，於是我另外成立「樂活聯誼會」，目前成員約三、四十人，延續交流，這也是一種群眾工作。

除了大學教授，我們寒暑假也組團，讓大學生到中國參訪，譬如有個團名為「臺灣大學生中華文化南京研習營」，研習結束發證書，學生都喜歡，覺得很有意義。參訪十天的費用基金會負責，機票由學生自己負責，我跟學生講：「機票你們自己出，不要跟爸爸媽要錢，你們自己打工賺錢。」學生都很聽話，有人去加油站打工，也有去便利商店、餐廳打工的，很可愛。很多小孩都願意去，因為他們沒去過中國，這些學生來自臺大、政大、文化、實踐、銘傳。每年兩至三個團，每團不超過三十八人，至今已經五千多人成行；他們去過南京、上海、蒙古呼爾浩特、青海西寧、雲南等地，見識到中國跟以前完全不一樣了。

除了座談會、研習營，基金會還設立「漢清大學獎學金」，由陳毓鈞出資，補助對象是碩、博士生，效果非常好。基金會還舉辦「社區幹部交流」活動，對象是基層村里長，把我們的經驗帶到中國去。我們村里長去中國看看，也學學人家。

中興大學農學院真了不起，在海南島種鳳梨、香蕉，發了財。臺灣香蕉是最好的，日本人買臺灣廠商香蕉，海運一個禮拜到日本不下船，超過兩個禮拜，一船的香蕉爛掉了，只能丟到海裡去。中國種的香蕉不怎麼樣，屏東有個人去海南島種香蕉，銷往中國，對臺灣影響很大。我們輸往中國的蘋果、芒果，中國人沒看過。有一年我們坐飛機到濟南，一下飛機拿一顆芒果、一顆芭樂給海關，他們沒看過，覺得太好了。中國學我們種鳳梨、香蕉、蘭花。濟南學我們種番茄、葡萄，長在地上，照理講番茄葡萄應該長在樹上。此外，從濟南到青島都是洋柿子。

我們曾經帶蘭花到雲南去開會，每一盆很漂亮，在臺灣三千多元一盆，教他們怎麼種植蘭花和接枝，他們學會後運到北京販售，五千人民幣一盆。我有一個舅舅是高幹，他說北京賣的蘭花是從雲南運來的。

創辦經國大學未果

化公二〇〇六年過世，臨終前親口跟我說，他一生最大的遺憾是沒有完成創辦經國大學的心願，我聽了很難過。化公生前積極推動籌設經國大學，他曾經寫信給汪道涵先生說：「我們現在不要打仗了，外交休兵，從思想文化方面去交流，我想辦個經國大學。」在化公的指示下，邀請郭為藩、孫震、李在方等名流學者起草經國大學創辦草案。化公的原始構想是，如果臺灣有辦成，就到江西省南昌辦經國大學分校，但中國政府規定辦學校不能用人名，只有廣州中山大學除外。

化公寫信給社會名流和企業募款，並且邀請孫震、楊朝祥、政大校長等教育界人士到他家吃水餃、開會，研究籌設經國大學，找人捐款、捐地。春保鎢鋼公司董事長廖萬隆是化公的好朋友，他自告奮勇，自願出錢、出地；鎢鋼是製造飛機用的材料，很輕、很結實，廖萬隆在中國設廠，是事業有成的臺商。辦學校需要龐大的資金和土地，只靠廖萬隆一個人的力量仍顯不足，後來用廖萬隆的名義出面籌組「財團法人經國文教基金會」，用基金會來推動、籌設大學，現在這個基金會已經解散了。當時化公將創辦草案和所有資料集結成綜合報告，呈給李登輝總統批示，李總統就批個「閱」，大人物都是這樣，事情成功了是他的功勞，辦不好是你的問題。

籌備期間，我們曾參觀臺南長榮管理學院、基隆德育護理專科學校。德育護專美容科分成甲、乙科，甲科的課程是幫活人化妝，乙科是幫死人化妝；甲科學生有了技術可當新娘祕書，薪水比較少；乙科幫死人化妝，每月收入最起碼都八、九萬元。乙科學生說，她們上午到殯儀館幫大體美容，中午就在大體旁吃便當，用完餐繼續化妝。我說：「妳們膽子這麼大，我都不敢，真了不起。」

化公跟蔣孝嚴曾經參觀陽明山腳下的惇敘高工。從前，眷村不愛讀書的子弟，容易淪為小太保，家長就把他們送去惇敘高工學技術，取得水電、機械、車輛保修專長。惇敘高工訓練出來的人曾經參與十大建設，甚至還到沙烏地阿拉伯幫當地人興建大橋。惇敘高工由於經營不善，可能會關閉，校園所在地是陽明山管理局的產權，管理局撤銷後，土地歸臺北市政府所有。於是化公叫我去跟臺北市長馬英九的父親馬鶴凌老先生談，請他幫忙轉達意見，是不是可以賣給基金會創辦經國大學，結果馬英九答覆，惇敘高工校地另有用途，不便提供。其實，成立大學最起碼要三公頃以上的土地，惇敘高工校地只有八千多坪，蔣孝嚴覺得地太小，要找大的。

我建議先在惇敘高工成立經國大學籌備處，然後到澎湖買便宜的土地，列入校地面積，但是沒談成，而且募不到足夠的資金、沒有土地，學校辦不起來，化公心裡很難過，抱憾終生。二〇〇二年，基隆私立德育護專改制並更名為經國管理暨健康學院。

王昇生平拾遺

化公是熱血青年，年輕時被蔣經國選送前往重慶復興關「三民主義青年團」受訓，在火車上遇到小偷，他的財物和用具都被偷走，什麼都沒有了。同樣是江西人的章亞若小姐問他到哪裡？他說：「我去重慶復興關，東西都丟了。」章亞若小姐說：「沒關係，我給你買。」章亞若比化公大幾歲，像姐姐一樣照顧他，給他買牙刷、牙膏等日用品。

受訓時，章亞若小姐非常精明能幹，會說、會唱又會跳，非常活潑，很有名氣，經國先生就認識她了。經國先生曾經開發江西，慢慢認識女隊員，才有了後面一段婚外情，在那個年代，婚外情是正常的。很多謠言說，章亞若是蔣公派人把她暗殺掉，因為他不希望蔣經國有婚外情，這種說法完全錯誤。黃清龍先生看過經國先生的日記，發現蔣經國在一九五〇年代提到：「這兩個小孩我不知道，跟我沒關，這是我朋友的小孩。」蔣孝嚴的長相、動作完全像蔣經國，外面都謠傳他是蔣經國的孩子；化公認為蔣孝嚴就是經國先生的兒子。

章亞若小姐是怎麼死的？化公曾經口述給作家段彩華聽，由他寫出來。女人生產完應該做月子，要吃老母雞，過一個月才能動；抗戰期間，章亞若小姐沒坐月子，生產完就血崩，找醫師打止血針，針一打下去沒治好，章亞若就是這樣死的。化公就是這樣告訴段彩華，章亞若小姐絕不是被暗殺。

造化弄人，化公在現代基金會最後一次到廈門主持兩岸學術研討會，我把化公在中國的親屬都找來，老老少少有十幾人，大家一起吃個飯，發個紅包。化公是大人物，非常忙，對子女的教育沒有忽略，非常了不起。

化公很忙，對子女照顧卻非常周到。他的夫人胡香棣老師生下兒子王公天、王步天、王曉天，女兒王小棣至今未婚，化公老師最放心不下。胡老師生小妹時，未坐月子，每天除了家務，還要教學生體育課，結果也血崩；當時我們學生動員為老師輸血，未能救回胡老師，非常遺憾。

師母王熊慧英是臺銀幼稚園園長，嫁給化公，照顧兒女，熊師母於一九五六年八月十七日在臺北結婚，記得在這一天，政工幹校全體師生在中正堂舉辦茶會祝賀這對新人，我也代表教導大隊參加這盛會。一九六〇年九月一日，熊師母生下小兒子王立天。師母於一九六三年創辦私立奎山中學。化公每年親自寫信給孫輩，附上五十塊美金當作生日禮物，都是我拿去郵局寄出，有幾封家書我有拷貝下來，很有意義。由這件事可以看出化公對家庭、對子女的管教和照顧無微不至，化公所有子女均赴美留學，榮獲碩士、博士學位。

抗戰時期，有些人初中畢業、高中沒畢業就去當兵，蔣經國覺得這些小孩子輟學很可惜。抗戰勝利後，蔣經國在浙江成立嘉興青年中學，讓青年軍退伍的軍人還有讀書的機會，由化公擔任嘉興青年中學訓導主任。

一九四八年，蔣公命經國先生到上海「打老虎」，[10]俞鴻鈞是上海經濟管制督導員，蔣經國是副手，把上海黃金帶到臺灣。化公第一次到上海開會時，我還在華視當經理，送他去機場，他在車上抓著我的手說：「當年我們打老虎，拿金圓券換黃金，把黃金運到臺灣來，我對不起上海人，我好難過。」我說：「老師，那個時代跟這個時代不一樣，相反地，當年如果你沒有把黃金拿過來，臺灣哪會有今天？你要朝這個地方想。當初對不起上海老百姓，這不是騙術，而是時代不一樣造成的事實。你把黃金弄來臺灣，讓軍民過著很好的生活，假如沒有黃金，哪有富裕的臺

[10] 政府新發行金圓券，限期要求人民將手中的黃金、白銀、法幣兌換成金圓券，以抑制通貨膨脹、改變商人及黑市囤積貨品現象。蔣經國在上海的中央銀行成立督導辦公室，矢言「只打老虎、不拍蒼蠅」。

灣？」當年運來的黃金存放在新店靠近烏來的文園營區，央行發行的鈔票總額由等值黃金做擔保。那時我們當兵沒飯吃、沒衣服穿，老總統下令把黃金拿出來去換臺幣，我們才有衣服穿、有飯吃。

化公擔任總政戰部主任期間，視察部隊或在學校講話，都會講述總統行誼，包括老總統、經國先生怎麼做人、怎麼處事。譬如經國先生到別人家以後，坐下隨便吃、隨便喝；經國先生有二十個民間友人，有打魚的、開餐廳的、水果店老闆等。

陶涵（Jay Taylor）為了寫《蔣經國傳》曾來臺訪問，在《中國時報》的引介下，陶涵訪問了化公，訪前陶涵有擬妥訪問大綱給化公看，裡面問到化公對蔣經國的看法，化公說：「蔣經國改變了中國。」

化公很有分寸，絕不批評長官。他對部屬是當面善意的勸告，用啟發的方式。我從一九六三年開始跟著化公，他修養很好，從沒看過他生氣，對部屬、同仁，從來沒發過脾氣。有一天早上起來，喝碗稀飯，吃半杯牛奶，又是吃麵條，又是吃小饅頭，就開始上班；辦公室有個士官年紀大了，鹽罐子、糖罐子都放在一起，他在牛奶裡加了兩瓢鹽巴，加錯了，化公喝過了，說：「這樣，下次你牛奶放糖，不要放鹽好不好？」化公沒有生氣，完全用一種啟發的方式跟犯錯的部屬互動。

化公什麼都吃，經國先生也什麼都吃，假使經國先生忌口的話，就不會死那麼快了，因為他有糖尿病，要克制飲食才是，可是經國先生到碉堡、到大溪，民間友人很多，在朋友家裡一起吃飯，別人吃什麼他就吃什麼，菜色都是一樣的，所以經國先生活到七十九歲就走了。

化公沒有配槍，他覺得自己是小人物，不會也不在乎敵人來暗殺他。每一次坐直升機出去巡視，飛行員都會先報告今天天氣怎麼樣，化公講：「你們決定，飛機可以飛就飛，我們軍人打仗把命交天了。」他經常講：「大丈夫把命交天。」

化公史料的下落

化公於二〇〇六年十月五日過世，《聯合報》新聞標題用「政工教父」形容他，這個詞不好，有幫派的味道，「政工推手」比較好，畢竟政戰制度是經國先生從俄國學來的，他交給化公去辦。《中國時報》則說化公是特務頭、權高震主，這也是錯誤的解讀。

我跟著化公七十年了，我每年還是會去整理他葬在五指山的墓地。化公是我所尊敬的人，互信一生，他對我非常好，就像父子一樣。化公過世後，我替他做了三件最重要的事情，深感自傲與安慰。

第一，我把化公所有日記、講稿、訪問資料整理好。化公共寫了四十八本日記，化公帶著我出使巴拉圭之前，我將這些日記整理好，交給李明學長保管。化公從巴拉圭回來以後，把自己的日記整理一下，看看有哪些值得回憶的，摘錄出來，可能他預定寫回憶錄，可是沒有完成，只是整理資料而已，一直整理到他逝世前兩年（二〇〇四年）。我只找到影本，原稿不知道到哪裡去了。

化公老師過世後，我找出他的日記，都長霉了，我拿衛生紙擦，沒用。我擔心過幾年日記可能就壞了，必須找個好地方保管。我請郭岱君教授到我辦公室看，她說：「這個資料太有價值了，應該好好保存！」老一輩的大人物都會寫日記，像老總統、經國先生寫日記，郭岱君也曾蒐集經國先生、老總統等名人的日記。化公日記及其他文件在胡佛檔案館開放，郭岱君說中國學者對化公日記很有興趣，有位浙江大學的教授專程到胡佛檔案館來看，但不可影印。

化公在總政戰部的資料留在總政戰部，那是公家的財產；其餘個人日記、出去演講的資料是私人的物品。化公離開辦公室，連放東西的地方都沒有，因家裡面積不大。化公到美國訪問的講稿、資料最清楚，另外還有一些到東南亞、日本、美國、菲律賓、越南、高棉訪問的照片，我都交給郭岱君教授了，她把資料帶走後，捐錢給促進中國現代化學術研究基金會，表示一點心意。

劉少康辦公室有一部分資料在黨史會，有一部分送給郭岱君交給胡佛檔案館。沒有價值的、牽扯是非的資料就送去國防部印製廠用碎紙機碎掉，製成紙漿。各機關都是這樣運作，公文可能管制十年、二十年，過期了、沒有價值的文件就會銷毀。

第二，二〇一五年，中華民國團結自強協會與復興崗文教基金會，在國軍文藝活動中心舉辦「化雨春風，行思長憶——王昇上將百歲誕辰紀念音樂會」，很多人已經遺忘了化公，我們把他的好友、親戚、家庭小孩、中國及海外子孫請回來參與追思音樂會。

第三，化公創辦促進中國現代化學術研究基金會，我到基金會幫忙、當義工，擔任基金會執行長。一開始梅可望是副董事長，化公過世後接任董事長。基金會辦活動，安排教授、學生、村里長等各界人士訪問中國，從事兩岸交流活動。為了避免參與的教授散掉，我成立「樂活聯誼會」，類似同學會的性質，把熱心的教授們凝聚在一起。

化公過世後，有件事情相信他老人家在天之靈始終牽掛不下，也就是籌建經國大學。當年到處看地、募款，最後沒辦成，成為最遺憾的事情。我當基金會執行長時，仍持續一心一意想辦經國大學，結果沒錢，沒能成功，如果有三億資金，辦什麼都可以。

李明學長閱讀過完整的化公日記後，以「尼洛」為筆名，寫成《王昇：險夷原不滯胸中》一書。此外，我請政工幹校的師生投稿，抒發每個人對老先生（王昇）的懷念的心聲，通通寄給我，我加以整理、集中成《永遠的化公》一書。我也請四期的繆綸學長把化公老師重要事蹟摘錄出來，整理他從出生到死亡的大事記年表。

陳祖耀教官是湖北人，當過化公老師的祕書，當年在政工幹校教我們理則學。陳祖耀老師回國後因攝護腺癌住在臺北榮總，我去看他，我建議他寫有關化公老師的書，找了很多資料給他，他參考後寫了《王昇的一生》。

美國國防大學（NDU）教授湯瑪斯．馬克斯（Thomas A. Marks）到巴拉圭訪問化公時，我招待他住我家一個月，為了寫書，他真的很認真。只是，他出版的英文書名是*Counterrevolution in China: Wang Sheng and the Kuomintang*，翻譯成中文就是《王昇與國民黨：反革命運動在中國》。他站在中國共產黨的立場，認為國民黨和化公是「反革命」分子，但一般人一定搞不清楚，王老師（王昇）一輩子都沒有反革命，怎麼會是反革命分子呢？

家人與感懷

我在政工幹校擔任助教期間，年紀漸漸大了，有人想幫我介紹女朋友，可對方聽說我是外省人，又是專門打小報告的政戰體系軍人，對我印象不好，就沒下文。後來我在國防部反情報總隊上班，有位眷村媽媽帶我去相親，女孩子國中剛畢業，長得高頭大馬，我喜歡個子高的，覺得就她好了，我說：「嫁給我好嗎？」她說：「嫁給你，我吃什麼東西呀？」我說我是中尉，銀行有存款，父親有房子，她說：「你要把你的畢業證書、房子的所有權狀拿給我看。」她看過之後說：「好，嫁給你。」我們三個月後結婚，原本互不認識，是眷村媽媽介紹的，她國中剛畢業，什麼都不懂，很純潔。

我一九四〇年生，太太一九五二年出生，小我十二歲。由於我太太未成年，岳父必須寫報告給國防部，說明自己同意這樁婚事，國防部通過報告後我們才結婚。常有人說我「老牛吃嫩草」，其實我是「哥哥照顧妹妹」。她今年（二〇二一年）虛歲七十歲了。我太太的名字是徐臺俊，河南人。那個年代好多人的名字都有

「臺」字，譬如徐臺榮、徐臺蘭、郭台銘、郭台強之類的，都是在臺灣出生的外省人。我國退出聯合國那年，很多剛出生的小孩被取名為丁莊敬、李自強之類的，好玩得很！

我一九五九年政工幹校教導大隊畢業後，繼續就讀政戰學校大學部新聞系，一九六三年畢業。一九六七年進入淡江文理學院（今淡江大學）中文系就讀，一九七一年畢業。我希望太太也繼續讀書，她去讀北投的珠海商職（今薇閣高中）夜間部，三年畢業後考上空中大學。後來太太隨我到巴拉圭、美國，我建議她繼續進修，她就去讀夏威夷大學新聞管理系，獲得學位。

從美國回臺後，我到中華電視臺歷任管理部協理、業務部經理，共在華視八年。那幾年我們什麼都第一，收視第一、新聞第一、電視劇《包青天》也是在華視播出，薪水加獎金相當於一年拿二十四個月酬勞。

管理部主要是內部管理工作。業務部就是業務員每天在外面跑來跑去拉廣告，我在辦公室等他們回來，買水餃給業務員吃，慰勞他們，經常搞到半夜一點鐘才下班。我太太買了鈴鐺掛在辦公室，如果當天業績到達一千一百萬就敲鈴，就像美國證交所，每次有新公司掛牌上市就要敲鈴一樣，大家開心得很！

我覺得自己過的是「意外的人生」，離鄉背井，從中國逃難到臺灣是意外，遇到老師化公也是意外。我跟娘親一鬆手，逃難上船，一離開就是七十年不見。後來經國先生開放兩岸探親，我跟母親聯繫上，她來臺灣住十年，父親過世後，她決定回中國家鄉度過餘生。

早年軍公教人員退伍、退休，如果把銀行的錢領出來，國庫就空了。於是蔣經國說，是不是給退伍人員說明道理，現在銀行的存款利率16％，我們給軍公教退休金優惠利率多2％，也就是18％，希望退休人員不要把錢領出去，這就是軍公教人員18％優惠存款的由來；現在社會卻批評領18％的人該死，這不是我們的錯，我們是犧牲奉獻救國家。

二〇〇六年九月中旬，我陪化公赴三軍總醫院看診，早晨出門，老先生讀完《聖經》說：「王參謀還不受浸？」我還是堅持做上帝姪子，不要做上帝兒子。二〇一九年，我遵照化公老師對我的期望，受浸成了耶穌基督信徒，做了上帝的兒子，藉以告慰吾師在天之靈。

王耀華全家福

感懷化公

思念化公恩師

王耀華

十月十一日是您老人家頭七，生每天都在靈堂內陪伴，向您報告辦理治喪情形，注視您的遺照，您仍然像活在人間一樣那麼慈祥，對前來靈堂悼念的老友只有微笑，對生向您報告瑣務亦是笑而不答，此情此景更是令人不禁鼻酸。

生民國四十二年初，幼年兵總隊改編至政工幹校教導大隊時與您結緣，榮幸做您的弟子，至今，算算將已五十餘年，可以說是：超過半個多世紀，朝夕相處、情同父子！自您與我們天人永別那個令人傷痛的夜晚起，生每夜總是難以入睡，雖闔著眼，腦海裡卻依然是您老人家的身影，有時從夢中驚醒，您生前的點點滴滴一幕幕重現眼前。值此夜深人靜，生含著淚水將這些點滴小事寫下來以作永遠的追思！

記得民國五十二年十二月十六日，您老人家要找個侍從參謀，承辦人呈報一期及三期學長都被拒絕，您親自打電話給幹校，「找教導大隊那個小胖子，叫什麼『華』的，馬上來辦公室看我。」我這個小胖子接獲通知，馬上趕到總統府四樓總政戰部報到，晉見恩師。當時生緊張得手心出汗、心跳加速，不知所措，進入辦公室向恩師一鞠躬，恩師令我坐在辦公室前方座椅，露出慈祥溫和的表情，開口說：「到我辦公室做參謀有無意見？現在就與游琴子交接。」就這樣乾脆，從此開始我就變成了恩師的貼身弟子。如今天人永隔，但願來生再續前緣，追隨在您左右。

五十三年，有一天突然接到在小南門三軍總醫院服務的吳學士學長電話，告訴我：「教導大隊同學冷儀世，心臟病發辭世，因身無分文無法下葬，已在停屍間多日，喪葬費用需新臺幣一千元。」經我報告恩師，隨即派員致送一千元解決難題。入殮時，恩師親臨悼念，說也奇怪，冷同學原一直無法緊閉的雙眼，竟在恩師抵達時安然閉上，含笑離開人世。教導大隊同學多數是無爹無娘的半大孩子，在部隊充任勤務兵，後編到幹校，恩師費盡心力，善用每一塊錢教育經費，將我們這批孩子培養至高中，另有一部分同學繼續攻讀到大學。教導大隊三百餘人，都有了好的出路。試想，若無恩師盡心竭力的撫育教誨，那會有後來那麼多的將領與博士出自教導大隊。

臺北高爾夫球俱樂部，原址在臺北市青年公園，後被北市府要求遷至臺北縣五指山，先完工前九洞後，卻因霧大擊球困難容易ＯＢ而不適用，當時會長何敬公再次請化公恩師協助另遷他處。化公恩師面報經國先生說：軍人保國衛民，雖收入微薄，亦應具有一定的尊榮，希能像社會上一般人一樣，活著可有場地打高爾夫球健身，死後亦應有處葬身之地安息。經國先生同意了化公建議，由聯勤留守業務署買下五指山作為國軍示範公墓，球場才籌得資金購買桃園縣蘆竹鄉土地，興建今日最賺錢的臺北高爾夫球場。該球場有三十六個洞，另有九個短洞。而今，我們軍人，確實亦像社會一般人士一樣：「活著可以打球，死了也有一塊葬身之地。」

七十二年秋節，恩師奉調駐巴拉圭特命全權大使，一到任即勤訪僑社及巴國鄉村，並召集大使館館員及農技團員座談，決心成立三個農業示範村，加強推展養豬中心、養鴨中心、花卉中心及籌建亞松森中正僑校。三年後，這些工作都有了良好成績，贏得巴國總統史托斯納爾及巴國全國人民對中華民國駐巴拉圭將軍大使的尊敬與好評。後來巴國政權更迭，幸賴恩師平日對巴國所作的貢獻，大家有目共睹，因而中巴邦交未受絲毫影響。羅德雷格總統執政期間，恩師督促所屬每週四做四百餘春捲分送他們。恩師常說：我們有錢雖可作外交，沒錢也可作外交，推展「春捲外交」工作，展現了具體績效。羅德雷格總統吃了春捲，不僅對中華民國更好，而至今巴國與中華民國友誼仍然穩固，恩師當年的睿智傑作可謂居功甚偉。

三年前，恩師與已故的宋部長志公，在三軍總醫院七樓住院，志公到病床前閒聊，記得當時志公說：「我們可以在此多休息幾天，三軍總醫院的環境、醫療設備、醫護人員素質，可謂全國之冠，任何醫院都無法與他媲美，回憶當年，高先生煜公和我們決議將三軍總醫院由汀州街遷到內湖的政策是正確的。」追往思今，宋先生志公與恩師均分別病逝於三軍總醫院，睹物思人令人不禁鼻酸！沒有這些前輩的明智決策，那有今日美輪美奐的三軍總醫院為國軍官兵謀取莫大的醫療福利呢?!

十月四日下午五時，恩師化公體溫突然下降，心跳、脈搏反常，三總院長張德明將軍、加護病房彭萬誠主任、廖文進主任分別趕來加護病房，替恩師實施急救，直到深夜終因肺功能衰竭引發多重器官衰竭，十月五日凌晨一時辭世，張院長指揮加護病房全體醫療同仁努力為恩師所做的一切，恩師家屬深深感激欽敬！

十月七日由旅巴拉圭僑胞韓大元兄開車至五指山，另有步天師兄、曉天師兄嫂、立天師兄、小棣師妹，抵達後，國軍公墓管理處輔導長陳志堅兄，帶我們至上將區，挑選墓地，志堅兄說二級上將僅有三塊，只有當中這一塊，大元兄精通陰宅風水，手持羅盤一看，這一塊就是三年前，大元兄開車，帶化公和張大叔席珍，我們四人看的那個區域，您指明要挑選這塊，固然屬於您的，也是應有的，這就是福報，耶穌基督眷戀，特別為恩師精選了長眠聖地。

恩師住在三軍總醫院，醫護人員照顧視同家人，五指山國軍公墓選定墓穴，這一切，全是恩師生前做了許多善事所獲，也許是上帝的眷戀，亦是恩師應得的福報。

我們永遠的恩師，安息吧！

化公恩師您永不孤獨

王耀華

十一月五日，是您老人家，遠離我們已整整一個月了，在這短短日子裡，我想，您絕不會孤獨。因為您的兒女和您的門生，每天都自動排班輪流在靈堂陪伴您，您的中外友好亦來悼念您，還獻上美麗的鮮花，擺在您遺照前，他們注視您的遺照，仍覺得您活在世上，一樣的慈祥、和藹可親，許久不離開，您只有微笑，沒有隻字回答，使人更覺得悲傷鼻酸。

記得上月五日凌晨一時，當您安詳的閉上雙眼，走入另一個世界，投入您虔信的主懷抱，教會陳鴻明牧師打電話給立天師弟說：「兩位天使把王老弟兄接到天國去了。」此時三軍總醫院院長張將軍率領加護病房彭萬誠主任、廖文進主任、病房醫療同仁和您的兒女門生，送您最後一程，另外，在您身前照顧您最多，已成為您的朋友——顏鴻欽主任、夏一新主任、王宜斌主任以及第七一病房、加護病房戴護理長、吳護理長和全體護理人員，他們對您依依不捨，都分別向家屬弔唁，謹藉《青年日報》副刊向他們致謝。

第二天總政戰局吳局長達澎上將，堅持為您在三軍總醫院設置靈堂供親友悼念。首先，國防部李部長、李總長、吳局長來到靈堂，向老人家鞠躬致敬。李部長向家屬說：「化公為國軍貢獻良多，當盡全力協助辦妥後事。」家屬及在旁的親友對李部長、李總長、吳局長，袍澤情深的風範，感到欽敬，特致謝忱。

三年前，時任聯勤政戰部主任的黃南東兄在五指山貴賓室向您簡報，您以半開玩笑口吻對黃主任說：「購買五指山變成國軍公墓，我有貢獻，應該給我留一塊吧。」當時，南東很為難，因為墓穴分配，必須當事人身故後，由家屬提出申請方可依序輪到分配一席之地，根本不可預留，真沒想到，由於主的眷戀，上蒼的福報，終於得到了您所想得的。您對墓穴選擇極為慎重，一連上五指山三次，當第三度上山時，我與張席珍兄建議您不要去了。那時您的飲食、運動良好、身體健朗，的確可活一百歲綽綽有餘，但是，您仍堅持上山，由大元兄開車，至半山腰，車拋錨，您還是堅持要上山，乃向新任聯勤總部政戰部主任歐復興兄求助，另派車帶您老人家上山，再看看您理想的未來新居，看後，您帶著喜悅與滿足，下山回家。從那次上山回來，直到您離開人間為止，再也不提五指山墓穴的事了，難道，您早就有了定奪？

當十月五日，您投入主懷，翌日一大清早，請精通風水的大元兄趕到五指山為您申請新居，大元兄到後即電話對我說：「王大哥，國軍公墓管理處，陳志堅輔導長告訴我，化公大使依序輪到，上將三區一排三號，此穴坐北朝南，左青龍，右白虎、前朱雀，後玄武，風水甚佳，可得庇護，尤其對後代子孫福壽滿堂，這就是化公大使三年前親選的那個位置。」難怪老人家自第三次上山回來，再也不提此事。難道，這就是主的美意，上蒼的福報？您在人間是乖乖牌，從來不與他人爭權奪利，叫您到那裡，您就到那裡，您從來不說一個「不」字，您這最後一站，上帝眷戀您，上蒼保佑您，給您應該給的，得您應該得的。

七日一大早，步天師兄、曉天師兄嫂，立天師弟、小棣師妹，由大元兄開車到五指山，看看您在世時選定未來的新家。在回程路上，兒女們決定了追思禮拜的良辰吉日——十一月十一日上午十時至十二時，下午一時至三時下葬。惟追思地點聯繫多處未獲結果。此時，立天師弟趕到新生南路三段九十號懷恩堂，承租人告訴他，是日原先已被別人訂去了，但原使用人已打電話通知改期，可以租給你們，追思地點也順利的確定了，懷恩堂是您生前喜歡的聚會地方，終於又能如願以償。

您在遺書裡沒有提過，但是您老人家與門生閒聊時，您曾說：「當我百年後，不要勞師動眾，麻煩別人，找個教堂舉行追思禮拜後，送到五指山即可。」立天師弟租用懷恩堂如此順利，難道是您老人家安排好的？或許是主的美意！

您老人家又說：「關於棺木普通的就可以，不要太浪費，穿著長袍馬褂、陪葬物有《聖經》一本，《國父思想》一本，這本書是我在政大講授三民主義十八年的講稿整理成冊，命名『國父思想』，曾獲中山著作獎、教育部部頒教授紅皮書。」除了這兩本書，家人與門生另外又選了兩本，一是《政治作戰概論》，這門學科，是您獨創的，翻譯成六種文字，在各地發行。二是《海鷗，你真是健者》，有您用毛筆親書，復興崗建校藍圖與奮鬥目的，另外還有一副假牙、一副老花眼鏡，一對助聽器和每晚睡眠保護頭部的套頭帽，這些物品都是您老人家需要，而且在世時離不開您的。

您在遺書再三強調，也告訴家人，當您百年時。不發訃文、不成立治喪會、不舉行公祭，僅舉行追思禮拜，但您的門生們，看到您老人家這樣走，於心也不忍，乃由門生弟子楊亭雲上將與少數門生研商，從旁協助家屬辦妥後事。

您在生前處理任何的事都很低調，凡事不要招搖。門生們提議一定要為您覆蓋國、黨旗，代表您對黨國貢獻，功績彪炳千秋，並經家屬同意，覆蓋國旗請四位退役上將伍世文、陳廷寵、林文禮、楊亭雲，他們是您生前同居臥龍街和平新邨的同鄉。覆蓋黨旗的是前任祕書長吳伯雄、蔣孝嚴、林豐正和現任祕書長詹春柏。他們八位都是您生前老友、備感親切。又門生繆綸學長為您編的年表，等於是一部您與中華民國不可分割的近代史縮寫，足證您對國家的貢獻，及您所創辦「財團法人促進中國現代化學術研究基金會」，將各界人士在報端發表對您追思文章蒐集成冊，定名為《永遠的化公》，以梅副董事長可望老伯大作〈懷念一位肝膽相照的摯友〉一文為首篇代為序言，在追思禮拜時，分送前來悼念好友，作為永遠的追思。

我想，您老人家最放心不下的就是師母，您與師母鶼鰈情深，但您已遠行一個月了，至今，她老人家還不知道您已在天國主的懷抱，看到師母孤單單待在家裡，更使人觸景傷情。不禁淚下。但願您在天國、保佑她健康、平安。也請您放心，您的兒女，還有「小胖子」，張大叔都會照顧她，陪伴她。

門生追隨您老人家半個世紀，從此您離開我們，總覺得失去所有，在靈堂，在和平新邸家裡，看到您的遺照或者遺物，更是睹物思人，讓我鼻酸。幸而，在五指山您的新家，周邊芳鄰都是您好友可以作伴，「德不孤必有鄰」，您老人家永不孤獨，安息吧！我們永遠的化公恩師。

恩師您永遠活在我心中

——悼念化公恩師逝世一週年

王耀華

化公恩師，您離開我們一年了，在這段日子裡，我時時刻刻思念您老人家，您的音容常在我的腦海浮現，也許我追隨您將近半個世紀，無論在臺灣或地球的另一端——巴拉圭，都陪伴您老人家身邊。親同父子，深厚的摯情，至今仍常在夢裡與您老人家相見。

記得您生前再三叮嚀我與張席珍兄：「當我百年後，你和張大叔要照顧王媽媽（師母）。」您的叮嚀囑託，我們都牢記在心。我與張大叔每天都到家探視王媽媽，偶而王媽媽身體不適，我們會陪同她到三軍醫院看診或取藥，目前王媽媽身體尚好，生活和睡眠也都正常，唯一使人感傷難過的是她至今仍不知道您在五指山國軍公墓已安息整整一年了。為使王媽媽對您的不告而別，不起疑心，客廳、餐廳、書房的擺置與從前一樣，尤其客廳懸掛的您那張榮譽博士遺照，王媽媽經常目不轉睛注視著，嘴裡喊著，「爸」、「爸」，使旁邊的人聽了鼻酸淚下。

四年前，王媽媽因跌倒大腿受傷，開刀治療時可能使用藥物不當，造成行動困難，改以輪椅代步，逐漸變成老年「癡呆症」，目前只認識週邊少數經常見面的人。最近友人介紹，此種症狀，可喝「千禧泉」，經立天師兄同意試喝，再加上運用「長生學」穴道與頭部調整。奇怪的很，王媽媽經過半年調養，確有顯著進步，當我們到家看她時，會說：「坐下」，離開時她也會用手勢比出「再見」。

王媽媽顯著進展，必定是您老人家的保佑，有一天，我還夢見您老人家，穿著您喜愛的唐裝回家。走進客廳，聽見王媽媽習慣性嘴裡喊著：「爸，爸。」她老人家對您凝望，流露出互敬互愛、鶼鰈情深、白頭偕老、難分難捨的場景，可惜瞬間您老人家臉帶著笑容，沒有說什麼就離開了，待我醒來時，不禁淚溼枕頭，或許是您老人家看到王媽媽健康狀況好轉，生活如昔，就放心多了。但我每天看到王媽媽孤單地坐在輪椅上，由臥室、餐廳、客廳、書房，目睹景物依舊卻唯獨看不到她的老伴的情景，她雖然說不出什麼，但她的感受別人無法體會，她的病情使她難以表達悲傷的意識，這更使我暗自憂傷，悽然淚下。

今年七月十五日至二十二日，梅董事長可望老伯與謝校長孟公率領國內及團結自強協會學者專家赴青海省西寧市與中國海協會各級領導和學者專家，共同召開第十二屆學術研討會，尤其梅老伯以九十高壽主持大會開幕致詞，精神抖擻、講話鏗鏘有力，贏得在場的各級領導及海峽兩岸學者專家的熱烈掌聲與敬仰。唯一遺憾的是您老人家缺席了，但是，您老人家所建構的兩岸和平發展方向，高瞻遠矚，建立了「中國現代化」的藍圖，您的卓著貢獻，將使您的音容永遠長存在海峽兩岸中國人的心坎裡。

基金會已成立十六年了，每年舉辦一次學術研討會，無論在北京、上海、蘭州、瀋陽、昆明、廈門、臺北，您老人家與梅老伯都是親自率領國內的學者專家，與中國領導及學者專家共聚一堂，研討中國現代化的問題，舉凡有關「國民現代化」、「家庭現代化」、「社會現代化」、「教育現代化」、「經濟現代化」、「管理現代化」等重大主題，多年來共提出論文三百餘篇，受到國內外及中國學者、專家熱烈的回響，更贏得中國各級領導重視與支持。您老人家與梅老伯的心血、經驗、智慧，以及具體的行動，為海峽兩岸的中國人，開拓出一條二十一世紀引領中國人勇往直前的康莊大道。

您生前經常說：「職務可以退休，報國之志、愛國之心永不退休。」您老人家於中華民國八十年，從巴拉圭大使任期屆滿退休返國後，抱著「老驥伏櫪，志在馳騁千里，將軍皓首，猶存報國之心」的宏願，與梅老伯研商多次，發願將您們未來的日子，奉獻給苦難的祖國。您們提出具體的構想，從學術研究結合現實條件，鋪陳中華民族未來現代化遠景的艱鉅工程。決定邀請梁尚勇、包德明、謝孟雄、朱炎、何景賢、陳維昭、呂溪木、牟宗燦、王國明、楊天生、劉炯朗、張俊彥等專家學者，取得共識，成立「財團法人促進中國現代化學術研究基金會」，以「促進中國現代化」為目標，以「學術研究」為手段，並以中國「海峽兩岸關係協會」為對口單位。當初，由於您老人家與中國主理對臺事務領導人汪道涵先生，取得互信、互補、互助，以誠懇務實的心態促使兩岸化干戈為玉帛，期望贏得永久的和平。參酌您老人家「促進中國現代化」的理念，將必能使海峽兩岸的中華兒女永遠過著幸福快樂的日子，屹立於世界！

自您老人家百年之後，基金會運作照常，所有董事一致通過梅老伯任董事長，永續推展您們二老的宏願——「促進中國現代化」的工程，推薦您老人家的愛子王公天、愛女王小棣分別擔任基金會董事兼執行長、副執行長，您老人家在基金會的辦公室，梅老伯交代要保持原狀，辦公室一進門，懸掛著您老人家穿著三星上將戎裝的遺照，期使所有的人永記，您老人家創始基金會的初衷，瞻仰您老人家的音容，永遠活在我們的心中。

民國九十六年十月五日，是老人家逝世週年，我和公天、步天、曉天、立天師兄、小棣師妹，商議決定於十月五日到五指山向您老人家叩拜及報告國內外一年來的世局發展。十月十三日星期六上午十時至十一時半，在長沙街國軍英雄館舉行追悼「永遠的化公逝世週年禮拜」，邀請您老人家生前的友人自由參加。追思會由梅老伯主持，遵照您老人家生前交代，後事辦理要簡單、要低調，追思會也是如此。追思會主持人梅老伯是與您共事半個世紀以上的好友，國軍英雄館是您生前在總政戰部任職時籌建的，至今臺北國軍英雄館申請建照的申請人仍然是您老人家的名字，在英雄館舉辦，更具深厚的意義。

復興崗的門生和您生前的好友，一定有很多的話要向您老人家傾訴及暢談，梅老伯同意將這些文稿蒐集成冊，定名為《音容長在我心》，做為紀念您老人家逝世週年專輯並分送友人。

恩師，安息吧！亦盼您老人家在天之靈，保佑王媽媽健康、長壽，保佑現代化基金會永續發展，促進海峽兩岸永遠和平，人民永遠幸福安康。

恩師，您老人家百年後事，及逝世一週年紀念會，均由您的大弟子楊亭雲上將贊助，國防部總政戰局前任局長吳達澎上將、現任局長陳國祥上將的行政支援，和同學們自動自發促成，也希藉此能告慰您在天之靈。

淚筆至此，借蘇軾祭歐陽文忠公文末段：「……緘辭千里，以寓一哀而已矣；蓋上以為天下慟，而下以哭吾私！」一化公吾師，望老人家九泉含笑，安心長眠！

「小胖子」的傾訴

王耀華

又是一個深秋蕭瑟的季節，又是一個令人魂牽夢繫的日子，恩師，您離開我們雖已兩年，但是您的音容笑貌卻時刻浮現在我的腦海裡！也許是因為打從當「娃娃兵」時期，就是備受您關愛、您嘴裡常叫著的「小胖子」！也許是政戰學校畢業後蒙您提拔調任您身邊充任侍從參謀相隨半世紀，這份特殊的情緣，能讓我有機會與您長相左右情同父子，也讓我的人生際遇和恩師您老人家永難分隔！這種感受實非他人所能理解。而今雖已年屆七十，每每思及恩師，又似乎重回孩提時「小胖子」的年代，仍然覺得在蒙受著您的庇祐，感受到您的叮嚀與呵護，我是何其有幸！

今年十月五日（星期日）是您逝世兩週年忌辰，我與公天、步天、曉天、立天師兄、小棣師妹研商決定這一天上午九時在臺北市延平南路一四二號三軍軍官俱樂部勝利廳舉行追思會，邀請您生前友人自由參加，追思會由您的好友梅董事長可望老伯主持。您的大弟子陳祖耀老師，拖著並不太硬朗的身體，夜以繼日的費盡心思完成了《王昇的一生》新書發表，同時悼念您老人家。我手不釋卷地細讀多遍，深感祖耀老師對您觀察得細微、瞭解得深刻和記載得忠實。您的一生綜括來講可用「真誠」二字涵蓋一切。您一路走來，自始至終無不真心誠意地面對每一個人，處理每一件事！您的晚年篤信耶穌基督，或許是受到主耶穌的精神感召，多年來外界對您的誣衊誹謗，這些中傷和誤解您從不公開解釋或為自己辯護。您常說：「主耶穌當年被釘在十字架上，不曾有一句辯白的話，比起祂我是微不足道的，還需解釋什麼呢？」其實您的真誠早已填補了一切，您畢生忠貞清廉、誠以待人、忍人所不能忍之氣的高尚情操，也早已受到瞭解您的人的所敬仰、愛戴和尊重！

您最放心不下的就是您的老伴「王媽媽」，您在世時，曾多次叮嚀我和張席珍大哥要好好照顧王媽媽，您的咐託我們未曾一日稍有疏忽，我每天都會到家裡去探視王媽媽，席珍哥也像以前一樣，拖著因中風而行動不便的身體到醫院替王媽媽取藥。王媽媽偶有體溫或血糖不穩，我們立即會送她老人家到醫院看診。您知道嗎？

每次到三總去，那些曾醫護過您的大夫和護士們，沒有一次不談到您。回想起來若不是您當年的遠見和堅持，哪裡有今天內湖三軍總醫院遼闊的醫院環境和完善的醫療設備呢？兩年來王媽媽日復一日仍孤單單地坐在輪椅上，看護王小姐每天推著她在客廳、書房、餐廳轉一轉，睹物思人觸景傷情，不知王媽媽能否感受？兩年來她的體力與心智狀況都不如從前，但飲食和睡眠很好。我感覺到她最開心的就是用餐時，面對著懸掛在牆上您著三星上將戎裝的遺像，吃一口飯，喝一口湯，接著就抬頭看看您，好像有很多話要向您訴說，或許在她的潛意識裡，您仍然活在她的心中，充分流露出鶼鰈情深、依依不捨的情懷！每天看到此情此景，怎能不叫人鼻酸落淚！有時立天師兄也會接王媽媽到石牌奎山中學看看她親手創辦的學校，那兒一草一木都是她費盡心力親手規劃培植，景物依然如舊，不知能否喚醒她的回憶？希望您的在天之靈保佑王媽媽早日恢復智能如同常人。對了，您生前最喜歡松柏，原來在墓園裡栽種的幾棵枯掉了，我已委託五指山國軍示範公墓管理處輔導長吳志賢同學重新植了數株，這樣會使您覺得舒坦些。

您一生對兩岸學術交流貢獻最大的，即為與梅校長可望老伯及國內學界精英孫震博士等先進，所成立的「財團法人促進中國現代化學術研究基金會」，在今年的七月七、八日兩天，與中國海協會共同在臺北市陽明山中國文化大學舉辦了「第十三屆中國現代化學術研討會」，大會由梅董事長可望老伯及中國海協會王在希副會長主持，海基會江丙坤董事長以貴賓身分致賀詞。參加的兩岸學者及來賓計有百餘人，發表論文三十七篇，研討內容分五大主題：

一、人口高齡化及少子化問題之研究；

二、公司治理與證券市場健全發展之研究；

三、兩岸婦女及婚姻問題之研究；

四、兩岸經貿及投資問題之研究；

五、中國傳統文化與兩岸關係之研究。

梅董事長在開幕式中，以「中華民族奮起，完成兩岸現代化」為題發表演講，梅老伯以九十一歲高齡，講話鏗鏘有力贏得在場來賓熱烈掌聲。海協會王在希副會長首次來臺，是中國歷年來與會最高層級，他在研討會致詞時強調「中華文化源遠流長、博大精深，是維繫全體中華兒女的精神紐帶，」他堅持「九二共識」，「加強兩會交流必能開創兩岸和平發展，共創中華民族美好未來。」王副會長除了參加研討會，並與中國學者環島參訪十天。他語重心長地對我說：「我首次來臺，該看的都看了，唯一遺憾的就是再也無法見到基金會創始人王化公，正因他老人家與汪道涵先生的努力，已為兩岸的中國人搭起學術交流橋樑，開拓出一條邁向和平幸福安康的大道。」他也引用胡錦濤先生所說的兩岸雙方應「建立互信，擱置爭議，求同存異，共創雙贏。」王副會長這番話及今年三月二十日總統大選，您向經國先生推介擔任英文祕書的馬英九先生，以壓倒性多數當選第十二任總統就職演說時高呼：「兩岸人民同屬中華民族，應各盡所能，齊頭併進。」的宣示，相互呼應，產生了共鳴。

從兩岸領導人的講話，足證您多年來與汪道涵先生為促進兩岸人民和平發展所盡的心血沒有白費，您們彼此以互信、互補、互助，及誠懇務實的態度，早已排除了兩岸嚴峻的對峙，化干戈為玉帛，不僅使兩岸同胞共享福祉的宏願可早日達成，同時您當年為「中國現代化」規劃的建設藍圖，也終將一一實現了。

恩師，您若地下有知，聽到「小胖子」的傾訴，必能含笑九泉，安心長眠。

懷念恩師（紀念化公謝世三週年）

王耀華

化公謝世已經三年，在這一千多個晝夜，彷彿他仍舊活躍在咱們的身邊。他的音容笑貌，永遠讓復興崗的廣大青年難忘。首先，我向您老人家說句掏心話：安息吧！您在寧靜的五指山國軍墓園安息吧！您過去為革命事業奮鬥了一輩子，如今應該休息了。

今年十月五日晚間七時三十分，我們將在臺北市中華路「國軍文藝活動中心」舉辦音樂會，紀念恩師逝世三週年。這是復興崗文教基金會決定的。羅國禮董事長特別叮囑同學踴躍參加，以紀念您對教育的偉大貢獻。這個場所，您是熟悉的，民國五十四年，您時任國防部總政戰部執行官，推動國軍新文藝運動，倡導「文藝到軍中去」。成立戰鬥文藝隊，將「國光戲院」改為「國軍文藝活動中心」，充當國軍文藝作家舞臺，又在當年四月召開第一屆國軍文藝大會，由先總統蔣公親蒞主持，選拔出國軍文藝作家兩百餘人，聘請陳紀瀅、趙友培、王藍等文藝名流，擔任國軍新文藝運動輔導委員，邀請他們到軍中講授寫作經驗，使社會文藝作家與軍中文藝作家結合，用他們的筆激發出團結和諧的社會，及士氣旺盛強大的三軍，您對國軍新文藝貢獻永為後人感念，我們在此舉辦紀念音樂會，更具時代的意義。

音樂會演出者多為復興崗校友，他們以優美動人的旋律，「音樂系，唱出正義的心聲、激起人道的共鳴。」這是您擔任政戰學校校長時，對音樂系同學期許。這場音樂紀念會必能扭轉乾坤，啟發社會人心邁向「安祥」，國軍將士戰鬥意志堅強，復興崗子弟勇往直前走向康莊大道，期盼校友們攜眷踴躍參加，現任財團法人促進中國現代化學術研究基金會董事長梅可望博士及各董事以及家人均能來參加盛會，尤其梅可望老伯以九十二歲高齡，撰寫紀念文〈永遠思念、化行先生〉，老友情深流露字裡行間，令人欽敬，藉以告慰化公恩師在天之靈。您生前多次叮嚀我和張大叔，照顧師母，並將基金會永續經辦下去。王媽媽健康很好，張大叔已八十歲了，行動雖然不便，但他仍然不忘每月到公保替王媽媽取藥，對您叮嚀貫徹到底令人佩服。王媽媽今年體重減輕，滿頭白髮，這幾天前額及後腦勺冒出幾束黑頭髮，顯得精神更煥發，對登門拜訪友人用手勢比劃出友善互動，她每天像往日一樣坐著輪椅在餐廳或在客廳注視您的戎裝及榮譽博士遺照，表露著關懷，但仍不知道您去了何方？令在旁人更感到心酸。

財團法人促進中國現代化學術研究基金會，是您與梅老伯、及多位大學校長共同創設，已有十六年歷史，今年八月十日第十四屆中國現代化學術研討會，在「綠草如茵、鮮花怒放、瓜果飄香」的蒙古首府呼和浩特市舉行二天，本會由董事長梅可望老伯擔任總領隊、王執行長公天擔任領隊，率同學者及眷屬五十四人參加。開幕式由梅老伯和中國海協會李副會長亞飛共同主持，研討主題為「地球暖化問題」，他們分別致詞，強調地球暖化是全世界七十億人注目的焦點，兩岸相關學者專家計有七十人出席參加，提出論文三十九篇，廣泛探討了諸如南極融冰造成海平面上升，全球氣候變遷對農作、水利甚至人類生活型態的重大影響，專家學者們提出具體結論，供兩岸主管單位規劃可行的預防方案，能進一步供世界各地研究機構參考，共同努力挽救地球。

基金會遵照您的遺願，每年與中國海協會定期舉辦研討會，近又鼓勵國內大學研究所相關系所之碩士班研究生，提昇學習興趣、落實中國研究，由本會董事陳毓教授提供設立「漢青大陸研究獎學金」，針對中國研究生，自今年提供八名獎學金外，辦公室由王執行長費神設計邁向新時代電腦化，也希藉告慰吾師在天之靈。

追念化公校長逝世五週年

王耀華

民國九十五年的十月五日凌晨一點鐘，您在內湖三軍總醫院安詳地閉上雙眼，離開我們走入另一個世界，擁向您虔信的主耶穌懷抱，至今已五個年頭了，這段日子您在天國過得好不好？每天看到您穿著戎裝的遺照，那樣慈祥、和藹可親，仍然像活在人間，更加深了對您的思念！

王師母健康如昔，罹患老人失智症已久，仍不知她的老伴離開她五年了，令人鼻酸，不勝唏嘘。

二十年前，在民國八十一年五月九日，您與梅可望老伯及國內知名大學校長籌建中國現代化學術研究基金會。翌年八月一日在臺北市圓山大飯店舉行第一屆研討會，到今天已整整十九年，研討會也召開了十六次。海峽兩岸十三億同胞所追求的

「中國現代化」，在中國、在臺灣都逐漸地具體實現！自上海的「世博」、臺北的「花博」，全世界七十億雙眼睛，明確見證了兩岸現代化的成果。

今天，臺灣海峽已不是一條分隔兩岸的鴻溝，而是人民往來的康莊大道。從弭平鴻溝到邁入康莊大道，絕不是件簡單易行的事，這奠基於當時您和中國海協會汪道涵會長的一個共同概念：「一個中國，各自表述」！在這個大前提之下，兩岸不論是談判或協議各種難題，都能一一迎刃而解。這段史實出自同濟大學、八十多歲的彭運鶚老教授之口，當時他是親眼所見、親耳所聞。由於您老人家和汪道涵先生的高瞻遠矚，為兩岸「和平發展」鋪陳了順暢通行的大道，是不會被遺忘的！

今年的八月十四日至十六日在北京市中華文化學院文華樓舉行了第十六屆中國現代化學術研討會，研討環保、社區發展、城市交通等三大主題。會後參訪黑龍江省、哈爾濱市及承德等地。與會的臺灣代表團由基金會梅董事長可望及團結自強協會汪理事長元仁將軍計二十一人參加。中國代表團由海峽兩岸關係協會王副會長在希率團共二十人與會。本次研討會由中國海峽兩岸關係協會、中國現代化學術研究基金會、中華民國團結自強協會聯合辦理，相當圓滿成功。中國海協會王在希副會長、基金會梅可望董事長、謝孟雄董事、何景賢董事、團結自強協會汪元仁理事長分別於開閉幕儀式中發表了談話，他們一致強調每年一度的兩岸學術研討會，研討主題均能結合兩岸民眾實際需要，與生活息息相關的內容深入探討，經由專家的學術觀點及實際經驗尋找出具體可行的方案，提供兩岸相關部門參考，對兩岸人民的生活品質提升，產生正面的助益。

中國海峽兩岸關係協會陳雲林會長，親自接見了臺灣代表團人員及隨團參訪親友共四十七人，並設晚宴款待，表達了他的重視。他一再強調兩岸同胞血濃於水的民族情感，以及悠久中華文化孕育而出的炎黃子孫，必須堅定不移地結合在一起，才能更有發展、更有前景。基於此，以發揚及闡述中華文化為根本的學術研討主題，應落實於今後永續舉辦的學術研討會之中。另外參訪團在東北的訪問行程中，也受到了當地各市領導的熱誠款待。研討會另一特色，就是中華民國團結自強協會不僅大力贊助及協辦本次會議，尤其汪理事長元仁將軍更撥冗親自出席會議並發表談話。由於汪理事長及該會諸多親友的參與，大大增加了臺灣代表團的分量，更為本基金會爾後的努力增加了實質的力量。中華民國團結自強協會亦是您老人家在世時，向愛國商界好友勸募基金而成立，今天能夠全心全意的合作，相信您更是備感欣慰！

十九年前，您老人家成立基金會時演說「中國現代化是中國人一個半世紀的夢」，海峽兩岸的中國人都已體驗到中國現代化的偉大工程，正在中國和臺灣一一實現。其中所涵蓋的國民、家庭、社會、教育、經濟和管理等各方面都已逐漸步入現代化的進程中，兩岸中國人已經抬起頭來，而且仍不斷精進，在現代化的進程中日新又新。海峽兩岸領導人和學者、專家們，在促進中國現代化進程中無私地付出，和您老人家理想的中國現代化「遺願」的實現，將永誌史頁！

思念化公校長逝世六週年

王耀華

校長：再過幾天，民國一〇一年十月五日就是您離開我們的第六個年頭了，每天注視著您的遺照，依舊是那樣慈祥而和藹可親的音容笑貌，令人不禁更加思念。數十年來您處處為國為民著想的情操，照顧同袍、照顧家庭、照顧學子的慈愛胸懷，始終銘記在我們心裡，這一切的一切，更增加了我們對您的追憶。

又是一年過去了，今年有三件事向您報告，首先是您最放心不下的王師母。立天師兄嫂為了就近照顧，將她老人家接到奎山中學附近暫住，奎山是師母一手創辦的，校內的一草一木都是親手栽植，她每天乘坐輪椅在校園內轉轉、看著學童上課及在操場玩耍，希能喚起她當年創校艱苦的回想，每逢週日在校內闢一間教室，讓附近的教友和她一同坐禮拜、唱詩歌，她會對著教友微笑，露出喜悅的表情，這證明了健康情形較往年要好，請您放心！師母羅患老人失憶症多年，仍不知她的老伴離開她已六年了，令人不勝鼻酸、唏嘘！

第二件事，政戰學校郭書懋老師女公子郭岱君小師妹，記得當年是您協助她赴美進修博士的，她現任美國史丹福大學胡佛研究院的教授，今年春節她趁回國探親之便，來基金會辦公室時看到陳列室內，您自民國三十七年至八十二年每天寫的日記；民國三十七年協助政府整頓經濟，「上海打老虎」的資料；政府遷臺後您協助經國先生「政工改制」創辦「政工幹校」作為培養政工搖籃，穩定軍心，提高國軍士氣的文稿；民國六十九年反制中共統戰攻勢，維持社會安定繁榮，您以中國國民黨中常委身分成立「劉少康辦公室」，負責統一研擬反制中共「對臺辦公室」統戰的文化宣傳方面的各種作為，如何擊破中共企圖軟化我復興基地戰鬥意志，解除全國軍民精神武裝的陰謀文獻；「社會革新方案」，為建立一個勤勞節約、和諧團結、守法守紀、反共愛國的社會，並邀請海內外學者名人，籌組「中華民國團結自強協會」，執行社會革新方案，和全面反統戰工作文稿；民國八十一年您與好友梅可望老伯及國內知名的大學校長籌組財團法人「促進中國現代化學術研究基金會」謀福後代，使海峽兩岸的中國人都能認知皆為黃帝子孫，與其相互鬥爭、何不攜手合作，共同研究兩岸「國民」、「家庭」、「社會」、「教育」、「經濟」和「管理」等方面如何邁向現代化，使兩岸中國人抬起頭來的重要文獻；還有協助越南、高棉成立政戰軍援團，訪問邦交國家元首各項談話實錄；另外著有最受世人重視的《政治作戰概論》，譯成中、英、法、日、棉、泰文版本，頗具參考價值。經郭教授與您的家人商量並同意，將這些史料運抵美國史丹福大學胡佛研究院與蔣公及經國先生史料一併存放該院保管，可提供學者深入研究參閱。您一生清廉儉樸，終生盡瘁於國家，尤對經國先生忠貞不二，後來卻遭人攻訐、汙衊、誹謗、誣陷「奪權謀反」、「功高震主」罪證被調離他鄉。您的胸襟寬宏大量，別人對您的中傷誤解，您從不公開解釋或者自己辯護。深信，今後必有許多中外學者感興趣研究「王昇這個人」，會專程赴「美國胡佛學院」研究您遠離權力核心的真相，為您辯駁還您清白。郭教授將這些珍貴史料送往該院，相信您老人家一定不會有意見的。

第三件事，您與梅可望老伯及國內知名大學校長創辦之財團法人「促進中國現代化學術研究基金會」，於今年八月十三及十四日在臺北大直實踐大學舉辦了「第十七屆中國現代化學術研討會」，由基金會董事長梅可望老伯與中國海協會副會長鄭立中分別主持。臺灣與中國學者專家及聽眾有貳百餘人，參加人數相當踴躍。這次的研討主題為：

一、中華文化產業如何在兩岸創新及接軌；

二、如何提昇兩岸青年外語能力並培育具有國際視野的領導人才；

三、低碳經濟與永續發展；

四、智能機器人暨機械智能化發展趨勢。

會後中國學者由鄭立中副會長率領還深入花蓮、臺東等基層鄉鎮農會漁會參訪。

您駐節巴拉圭八年返國，本可悠遊山林回歸自然，但您卻老驥伏櫪仍存馳騁之心、報國之志未曾稍減，如今與梅可望老伯及各大學校長，以學術獻曝組成的「中國現代化學術研究基金會」已二十年。梅老伯在「第十七屆中國現代化學術研討會」開幕式上說：「我真是非常興奮，非常感動！中國現代化學術研討會能夠開到第十七屆，回憶十九年前，我和這個研討會主要創辦人王昇先生，研究如何可以加強海峽兩岸學術合作交流的事，最後決定就是舉辦兩岸學者、專家共聚一堂的學術研討會……；由於他的堅持和決心，研討會才能順利開始！他的遠見和毅力，是我們永遠敬佩且不會忘記的！」

校長：我們這一年來所做的事、所說的話，祈望您都看到、也聽到了！

小胖子的思念

王耀華

某天午夜睡夢中，突然聽到親切的聲音呼喚「小胖子」！醒來不由得泣不成聲，終夜難眠。是整整相處半個世紀、情同父子的化公老師再一次的喊著我的小名，使我再一次的增添重重的思念。

記得民國五十三年年終，化公老師擔任國防部總政戰部執行官需挑選一名參謀。政一處簽報多名候選人，均未能入選。化公老師將主管人事部門的副處長郭篤周上校叫到他辦公室說：「請教導大隊的那個『小胖子』來見我。」當時我九期新聞系畢業留校，派至政戰系當助教，我記得很清楚那天是十二月十六日星期六，一大早便趕赴總統府五樓執行官辦公室報到，老師見到我也不多話，只說了句：「你來當我的參謀，現在你與游參謀交接。」從那天起，「小胖子」就在老師身邊侍奉至民國九十五年十月五日化公老師往生，送他老人家安厝於國軍公墓。九年來，每逢忌辰，我都會去叩拜他老人家，在我內心深處覺得依然還是他的參謀。

今年十月五日是他老人家離開我們九週年，在這一天，我們教導大隊同學在國軍英雄館舉行了簡單隆重的追思會，參加的同學，有從澎湖、臺東、花蓮、高雄、彰化、臺中等各地來的八十餘人，在追思中，每位同學都無限感念化公老師的教導養育之恩，當時沒有老師千方百計籌措教育經費，試辦國軍隨營補習教育，將我們這群孤苦的孩子，由小學、中學培養至大學畢業，有的在文職方面拿到博士並當了大學校長，有的在軍職方面當了將軍，這群孤兒也都早已成家，多數同學已子孫滿堂做了爺爺，甚至做了曾祖父。如果沒有化公老師，那會有我們的今天，化公老師！我們永遠感激您老人家！

化公老師：我知道您最放心不下的就是您的老伴「王媽媽」，她現在與立天夫婦同住在石牌奎山中學附近，因老人失智，只能坐輪椅，每天早晚外勞都會推著輪椅在附近逛逛，每個星期天下午立天夫婦陪她坐禮拜。「小胖子」當然不會忘記您老人家生前的叮嚀，三天兩頭去看「王媽媽」，每次去我會帶著饅頭、包子、燒餅，「王媽媽」雖然不能吃，她總是微笑地對著我，無聲勝有聲，使在旁邊的人更覺感傷！尤其是她的老伴離開她已經九年了，她對現今狀況仍不知情，如今想來更使人鼻酸！

今年十二月九日（農曆十月二十八日）是化公老師百歲冥誕，復興崗校友會、復興崗文教基金會，為追念老人家對政戰、對社會、對國家的貢獻，將於十二月九日（星期三）晚上七時在國軍文藝中心，舉辦「化雨春風行思長憶」百歲冥誕音樂紀念會。音樂會由中華民國團結自強協會、復興崗文教基金會、復興崗校友會共同主辦，所需費用，家眷贊助部分，其餘開支由辦理單位籌措。音樂籌備會請到汪威江同學擔任主任委員為總負責人，陳光燦、羅國禮、李念明三位同學擔任副主任委員，演出者由王岡元同學擔綱，吳樹群為執行祕書，另設總務、學術、人事、活動、文宣、網站各組。音樂會籌備成員均是自動自發、十分辛勞，令人感佩！相信化公校長在天之靈，對同學們的犧牲奉獻必有感應！

籌備會也特地在化公冥誕這一天，將復興崗退役校友及眷屬成立了「復興崗校友合唱團」，演唱老人家的大作〈復興崗頌〉、〈家鄉的土地最芬芳〉、〈建陽軍艦歌〉，以及老人家最愛聽的校歌。

化公老師：這一晚的音樂會，您老人家雖然不能坐在文藝中心欣賞美妙歌聲，不過深信您老人家在主的國度裡，也能深深領會到復興崗的子弟們懷念您的深摯情意！

永懷王化公校長

王耀華

王校長，今天是您逝世十週年，記得去年復興崗子弟們為您舉辦百歲冥誕音樂紀念會，表達崗上子弟對您無限的懷念與追思。

民國一〇四年農曆十月二十八日是您的百歲冥誕，由復興崗文教基金會及校友會等單位發起在國軍文藝中心聯合舉辦「王昇上將百歲誕辰紀念音樂會」，有七百餘校友參加，尤其唱到「看陽明山前革命的幹部……」時，在座的校友無不熱淚盈眶，音樂會的成員由校友們臨時組成。旅居加拿大校友林英國並當場捐出新臺幣三萬元作為演出費用，令人感動；主持人袁光麟同學當場宣布將這個合唱團改名「復興崗校友合唱團」以紀念化公老校長。目前團員僅有三十餘人，期盼校友踴躍參與，永續發展。

王校長，您自巴拉圭大使卸任返國，本可優游山林，但您仍似伏櫪老驥猶存報國之心，乃於民國八十年邀約海峽兩岸有識之士，促進兩岸加強學術合作交流、永保和平，成立「財團法人促進中國現代化學術研究基金會」，翌年八月在臺北圓山飯店召開第一屆「中國現代化學術研討會」，至今已有二十五年，舉辦過二十次的研討會，您主持過十一次，最後一次於九四年八月八日在廈門主持第十一屆「中國現代化學術研討會」。

九五年十月五日您辭世後，由梅可望博士接任董事長。梅先生主持會務十一年，召開過九次研討會，遵循您的願望推動兩岸學術交流，但不幸亦於一〇五年四月一日仙逝，享耆壽九十八歲；同年六月十八日，由基金會全體董事共推銘傳大學校長李銓博士為董事長，繼續推動兩岸學術交流工作。

校長離開我們已十年了，在這漫長的日子裡，我們無時無刻都在思念著您。您最放心不下的「王媽媽」由於多年來患老年通病，但每週日仍參加奎山中學福音教室聚會，雖不能呼喚「主」名，但她能雙眼注視在場弟兄姊妹為她禱告的情景，唯因在一〇五年八月十七日晨因呼吸困難，即送急救，立天夫婦晝夜輪流照顧，孝心感人，再加上院方盡心治療，一定會痊癒回家，請您放心吧！

王昇將軍為何外放至巴拉圭擔任大使

王耀華

關於胡聲平教授專題報告〈論經國先生對臺灣民主轉型的貢獻〉一文第四節「經國先生是民主發展中的關鍵角色」，第一小節「經國先生是民主改革的發動者」，提到：「最後在經國先生晚年採取的政治安排與實際作為方面，有五件事情顯示經國先生最晚於七十二年時（一九八三年）即決定走向民主政治的道路，第一件是於民國七十二年下半年將王昇將軍外放至巴拉圭擔任大使，經國先生此舉的意義，在於防止臺灣在其身後出現軍人政權的可能性……。」等語。

本人追隨王昇將軍五十餘年，對胡教授以上的論敘稍有不同的看法，元首任命國軍高級將領外放擔任大使，不只王昇將軍一人，據本人記憶，有空軍四星上將王叔銘出任約旦大使及我駐聯合國軍事代表團長。陸軍四星上將彭孟緝、胡璉分別出任日本、越南大使，海軍四星上將黎玉璽、宋長志分別出任土耳其及巴拿馬大使、陸軍三星上將羅友倫出任薩爾瓦多大使。他們都是軍職任期屆滿，且有豐富的學養、歷練、健康無虞，外放大使為國家外交另創新局，絕不是胡教授所說的「防止臺灣在其身後出現軍人政權的可能性」。

懷疑王昇將軍留在國內會上演軍人政權，外放巴拉圭大使，這純是受到有心人士挑撥離間的謠言，王昇將軍在國內，可說是最反共、最反臺獨、最反幫派救國、最愛國、最愛黨的人。民國六十九年三月間，中國國民黨為了反制中共統戰及島內臺獨分子，經國先生指示蔣彥士祕書長將其小型幕僚組織「王復國辦公室」改編為「劉少康辦公室」，命令王昇將軍擔任辦公室主任，專門從事對敵鬥爭工作，接受蔣彥士祕書長指揮督導。

劉少康辦公室針對中共對臺「三分島外，七分島內」統戰陰謀，確立強化自身，戰勝敵人行動主軸，並輔助成立「團結自強協會」、「三民主義統一大同盟」等民間團體，以團結全體民間組織，加強全國軍民心理建設，粉碎中共對臺統戰伎倆。

中共曾發動「八二三砲戰」，攻打金馬，進犯臺澎，喊出「血洗臺灣」的恫嚇口號，由於全國軍民精誠團結浴血奮戰，終使中共未能得逞。中共旋又祭出「和平統一臺灣」的統戰伎倆，我方隨即提出「三民主義統一中國」的大方向應對使中共文宣戰大敗。越南、高棉是我們反共盟友，因被共產黨赤化，人民流離失所，無家可歸，漂流海上當了「難民」，劉少康辦公室喊出「今日不做反共鬥士，明日變成海上難民」響亮口號，使全國軍民更團結，未被中共赤化。

臺獨分子在高雄市，趁市議員選舉，發動「美麗島事件」，王昇將軍反對「以暴制暴」，建議經國先生下令，命現場維安的警察人員「罵不還口，打不還手」對付抗議示威群眾，贏得全國人民及國際人士好評。

因為王昇將軍睿智卓著及豐富的對敵經驗，使中共及其同路人和臺獨分子，更恨他，也更怕他，因而不得不製造出各種謠言打倒他。

民國七十二年五月王昇將軍自國防部總政戰部主任屆滿調職時，在北投復興崗政戰學校辭行，向該校師生及政戰同仁講話，他說：「我王昇是反共的，反臺獨的，你們在座的與我一樣是反共的，反臺獨的，換句話說，全國有成千成萬個王昇都是反共的，反臺獨的，王昇永遠是打不倒的」，有心人士斷章取義，僅採用「王昇永遠是打不倒的」一句話，妄加許多惡毒字眼，捏造「黑材料」，挑撥離間，誣害誹謗王昇將軍，扣上「奪權謀反」帽子，外放巴拉圭大使，遠離權力核心，使經國先生身邊魏徵諫臣永遠消失。

王昇將軍在巴拉圭擔任大使有八年之久，除了幫助他們對軍事幹部與政府人才的訓練外，更重要的，為巴國籌建了三個農業示範村，並曾建議我外交部為巴國籌建一百個農業示範村，惟未被我方採納。另有養豬、養鴨、花卉等三個示範中心，教導巴國人民種馬鈴薯、蕃茄、洋蔥，及養豬、養鴨、培植花卉，均有良好成效，使巴國人民生活改善，對中華民國更友善、更感激。另外王昇將軍在政戰學校成立「遠朋班」，替我友邦國家訓練人才，尤其對巴國訓練人才最多，在政府機構有各部會首長及基層公務人員，在社會上有公車駕駛，有飯店服務生，在軍隊中有優秀軍官，以及各社團負責人。王昇將軍將經國先生建設新贛南精神，在巴國實現了，至今巴國與我國邦交仍然屹立不搖，這不能不說是王昇將軍辛勞耕耘的成果。

王昇將軍對優秀青年人才甄補、培植、薦拔不遺餘力，無論在國外、在軍中、在社會、在學界貢獻良多，像馬英九先生，就是當年王昇將軍向經國先生推介擔任英文祕書的。

民國七十六年初冬，經國先生臥病在床，強撐著出席十二月二十五日在臺北市中山堂舉行的「行憲紀念大會」遭受民進黨國大代表叫囂反蔣口號，飽受臺獨分子羞辱，心裡很生氣，再加江南命案「幫派救國」惹來國際麻煩，終於醒悟到「劉少康辦公室」及王昇將軍私下對他中肯建言的重要。經國先生立即約見蔣彥士說：「趕快安排王昇回來，我要給他更重要的任務。」此事蔣彥士打越洋電話至巴拉圭告知王昇將軍，王昇將軍反應平淡，是否不願再捲入政治漩渦？外人不得而知。

民國七十七年元月十三日上午九時，王昇將軍在亞松森大使館主持館務會報，突然接獲經國先生不幸崩逝，此一噩耗，王昇將軍與全體館員，忍不住失聲痛哭，哀傷不已，立即在大使館邸設置靈堂，供巴國友人及僑胞悼祭，王昇將軍與館員及眷屬，日夜守靈。元月十七日接獲臺北外交部轉來李登輝繼任總統的命令：「凡駐外使節一律堅守崗位，不准返國奔喪。」王昇將軍追隨經國先生半個世紀，無法返國奔喪見經國先生最後一面，王昇將軍悲痛失望，情何以堪！

王昇將軍於民國九十五年十月五日辭世，而今，與經國先生在九泉之下相遇。經國先生臨終諾言：「我還是要重用王昇。」想必已實現了。

人生不期而遇的轉折心路

——王耀華走進時代也見證時代

李吉安

人生總是充滿許多不期而遇的驚奇，即使酸、甜、苦、辣、澀的千般滋味，也是有一些感動值得回憶。

尤其，對九歲從軍當「二等兵傳令」，年少飽嚐兵燹烽火，逃難吃過樹皮，顛沛流離令人難以想像的九期新聞系大學長王耀華，更是刻骨銘心。

民國三十八年元月「徐蚌會戰」國軍失利，戰局急轉直下，蔣中正總統在壓力下被迫下野，代總統李宗仁又無力制壓共產黨，和談無效，國民政府岌岌可危。

蔣公嗅出危機已不可避，為確保中華民國存續發展，接受張群、張其昀「勝不離川、敗不離灣」的建議，選擇臺灣作為反共復國的根據地，並將故宮重要文物與國庫四百五十萬兩黃金先行運臺，作為維護中華文化正統與建設臺灣的輜重根柢。

國運終究難逃中國變色的劫數！猶如龍應台《大江大海一九四九》，敘述中國軍民隨同國民黨離鄉背井來臺的情節，此時未滿十歲的王耀華，幸有部隊收留，與官拜上士連指導員的父親同屬高雄要塞守備團，「上陣父子兵」一時傳為佳話。

後進入孫立人將軍成立的「幼年兵總隊」，但在民國四十二年卻又遭解散；正當不知何去何從之際，好在化公老師及時伸出溫暖厚實的雙手，讓三百多位無依失怙的「娃娃兵」，得以在政工幹校教導大隊安穩學習成長，從此開啟各人的人生新機遇。王大學長也因而與他老人家結下更勝親情的不解之緣，成為這位一代名將信任賞識不離的「小胖子」！

「歲月如斯，不捨晝夜」！王耀華來臺已逾七十載，不僅以優異成績踏出新聞系四合院，永遠以「復興崗」子弟為榮，追隨化公老師為政戰制度植基扎根與功能發揚、擔任武官協助化公遠赴巴拉圭鞏固邦誼、轉任內政部入出境管理局專員、歷任華視要職、成立促進中國現代化基金會，致力兩岸交流裨益兩岸關係推展等工作，盡己最大心力，留下精彩身影；更親身經歷中華民國那段風雨飄搖歲月，如何化險為夷，從而在艱困逆境，建設臺灣成為三民主義模範地區，開創出舉世稱羨的各項奇蹟成就，往事歷歷，永難忘懷。

回首前塵，王大學長不勝唏噓，感嘆攸關國共消長的關鍵戰役——徐蚌會戰，國軍失利遠因是抗戰勝利後，政府為減輕財政負擔不得不裁員，失掉民心，反為共產黨接收，壯大軍力；近因則是國軍將領不團結，情報戰也不靈，作戰廳長郭汝瑰又是匪諜，共軍可以輕易取得國軍的作戰計畫得以逆轉勝外，共軍人海戰術也是讓國軍頭痛打不下去的敗退之因。

一如描述前總政戰部主任王昇上將，畢生奉獻國家心路歷程的《險夷原不滯胸中》書中所言：「三八年整整一年裡，國軍的命運，不是敗、而是潰，倖而來臺的，也不算是計畫中的撤退，只能算是武裝性的逃亡。直到該年年底以前，於金門古寧頭戰役與舟山登步島戰役中，才改變了這種在心裡潰敗與逃亡的形勢。」

來臺七十年的王耀華，感受深刻地道出七十年來的兩岸關係發展，中華民國由「烽火歲月，冷戰交鋒的對峙期」，進入「國際外交，巨變消長的打壓期」，轉為「解嚴破冰，緩和成長的緩和期」，邁向「政黨輪替，改革開放的變動期」歷程軌跡。

王大學長認為，兩岸「對峙期」是從民國三十八年至六十年間。他記憶深刻地指出，由於先總統蔣公的睿智與堅定意志，中國變色後即勗勉「退此一步，即無死守」，建立軍民憂患意識，並以中國國民黨總裁身分，指揮國軍在十天內先後寫下「古寧頭大捷」、「登步島大捷」，尤其金門古寧頭這一勝仗，不僅化解臺海第一次危機，振奮軍心士氣，國運也重現曙光。

這一仗的重要無名英雄，不能不提戰車部隊發射手的熊震球。因他機警發射第一砲後，戰車隨即掃蕩戰場，阻絕登陸共軍，使其攻勢遭到拘束而無法展開，國軍反擊部隊始能從容擊潰共軍。

若干年後，時任國防部長的高魁元將軍曾表示：「沒有熊震球，就無古寧頭；沒有古寧頭，就無臺灣。」遂在參謀簽發五百元獎金的公事，批示再增加兩個零為五萬元，表達對英雄的由衷禮敬，王耀華如是說。

民國三十九年三月，蔣公復行視事，勵精圖治，整軍經武，積極建設臺灣，推動「三七五減租」、「公地放領」、「耕者有其田」等帶動農經發展的土地改革政策，並實施地方自治、推展國民教育，培育國家人才與推動中華文化復興運動，更是功不可沒。

這一時期，國軍先後締創古寧頭、登步、大二膽、八二三等諸多戰役的勝利；

日本感佩蔣公以德報怨，派遣「白團」協助國軍軍事教育訓練，使建軍備戰能擷取美、德、日的軍事思想精華，對提升國軍戰力有很大貢獻外，化公奉命迎回一萬四千多位反共義士來臺，充分彰顯出國民黨是堅守「自由、民主、博愛」的核心價值理念，與共產黨「清算、鬥爭、殘暴」的本質呈現判若天壤的鮮明對比。

值得一提的是，負責安置轉化反共義士有功的三期學長們，將國防部頒發給他們的獎金，全數捐給母校蓋建「我們的家」，淋漓盡致地體現「不愛錢」的期風，更是讓王耀華感佩不已。

正當中華民國以「一步一腳印」的扎實精神，使臺灣日新又新之際，中共對臺打擊更是變本加厲，進入民國六十年至七十六年「打壓期」。

期間，我國雖然遭逢退出聯合國、中日斷交、中美斷交的國際外交巨變，但因先總統蔣公殷勉國人「莊敬自強，處變不驚」，激勵全國軍民終能「逆境定毅力，風雨生信心」，在時任行政院長的經國先生領軍下，十項建設、十二項建設相繼展開，使臺灣完全脫胎換骨，邁入嶄新里程。

尤其，民國六十七年經國先生繼任總統後，銳意致力經濟、國防、教育與政治建設，安然度過石油衝擊全球經濟金融的危機，更寫下臺灣經濟奇蹟，成為亞洲四小龍之首的輝煌成就外，國防與教育建設也日起有功。

此時，中共領導人鄧小平上臺，對臺拋出「三通四流」：通商、通郵、通航與經濟、文化、科技、體育交流的統戰策略，當時政府是以「不接觸、不談判、不妥協」的「三不」政策回應，但經國先生亦察覺兩岸關係已起微妙變化，攻防作為必須有所改變。

為因應兩岸情勢變化，反制中共統戰與化解臺獨勢力增長，在經國先生首肯下，於中國國民黨中央成立「劉少康辦公室」，為國家大戰略出謀劃策，通過與學者專家及政府各機關從政黨員首長的智慧火花，激盪形成共識後上報化為決策，實際負責執行經國先生意志決策人，就是王昇上將。

民國六十八年因應美國與中共建交，成立的「劉少康辦公室」，前身是由文工會「固國小組」，演化的「王復國辦公室」。化公為避免流言誤解，更名為「劉少康辦公室」，意味效法夏朝少康中興復國與東漢光武帝中興漢室的深遠意義。

儘管「劉少康辦公室」在民國七十二年三月結束階段性任務裁撤，化公老師轉任聯訓部主任，但「劉少康」數年運作時間，所提策略確實令人耳目一新且具感染影響力，如「反共不反中」、「政治學臺北，經濟學臺灣」、「遠離馬列共產主義的教條」、「奉勸共產黨放棄共產主義」、「中國的希望在臺灣」等迄今仍令人記憶猶新的鏗鏘口號與作為，就是「劉少康」的智慧結晶。

尤其派遣委員朱文琳促成陸工會主任陳建中，與同是陝西人的中共人大副委員長習仲勛（習近平之父）和國家主席楊尚昆會面，商討「要談判、要接觸、要妥協」，有助兩岸和平關係的突破性發展，雙方認為可行，取得共識後回臺曾表達以「三要」取代「三不」的新作為，惜層峰因諸多考量，「三要」政策只好束之高閣。但從稱呼「中共」而不再是「共匪」，以及建議開放老兵探親，實已在為「要接觸」做準備。

為擴大功能影響力，「劉少康辦公室」也策劃成立「中華民國團結自強協會」，團結海內外對國家的向心，並在海外設立相關機構，透過接觸、對話、溝通、邀訪等方式，化解海外政治異議人士的歧見，解決了困擾不斷的「黑名單」問題，協助許多海外留學菁英回國服務外，並擴大辦理元旦升旗活動，點燃民眾「愛在最高點，心中有國旗」的愛國意識。

有鑑於民主時代來臨，亦提出《戒嚴令》必須鬆動、開放黨外人士組黨、解除報禁，為解除戒嚴，全面實施民主奠定團結和諧的基礎，「劉少康辦公室」對國家民主發展與兩岸關係發展的貢獻，王耀華大學長引用魏萼教授〈析論「劉少康辦公室」的歷史意義〉的客觀、公正論述，侃侃說出這段鮮為人知的命名典故與運作祕辛外，並認為：「劉少康辦公室雖有些策略建言，於經國先生過世前未完全被採納，但隨著時代脈動現已一一實現，精準掌握潮流趨勢，立足臺灣、胸懷中國、放眼世界的格局視野與創機作為之貢獻，不應給予磨滅。」

更令王大學長感動的是，民國七十二年化公老師外派巴拉圭，為鞏固兩國邦誼仍是鞠躬盡瘁，全力以赴。但他老人家始終奉行「給人釣竿不給魚吃」的助人哲學觀，認為要幫助巴拉圭就當從改善農業經濟著手。因此，就向外交部申請經費，成立十個農業示範基地，教導當地人民養豬、養雞、養鴨、種植水稻、蔬菜、馬鈴薯、花卉等技術，成效極佳。

王耀華記得很清楚，十幾公斤的母豬生出可以養到八十幾公斤的豬仔，巴國人民都認為中華民國很了不起，佩服化公老師簡直是神，根本不理會中共的誘惑。

為凝聚僑心，每周四舉辦「莒光日」活動，邀請僑民參與土風舞、球類運動、每家一菜家庭聚會和慶生會活動，很快就拉近與華僑間的感情。

由於化公老師的辛勤經營，獲得巴拉圭民眾的景仰與僑胞敬愛，加上和巴國總統史托斯納爾將軍私交甚篤，還有多位曾在復興崗「遠朋班」受訓軍官熟識，因而兩國邦誼日益穩固，從國慶酒會擠滿人潮道賀的歡愉景象，昔日「遠朋班」的學員更帶著金門高粱酒來同樂，就可說明一切。迄今巴拉圭仍與我國維持正常邦交關係，王耀華感懷地說：「國人不應遺忘他老人家的付出心血。」

時代巨輪不斷往前奔馳，民國七十六年是中華民國的民主憲政，在臺灣經過三十多年的艱辛經營後，大放異彩的一年，也就是經國先生宣布解除戒嚴，開放報禁、黨禁，對我國民主憲政偉大貢獻永留青史的一年，亦是兩岸關係進入緩和期。期間，兩岸分別成立陸委會與國臺辦的官方組織，以及海基會與海協會的民間機構。民國八十二年及八十七年在兩岸官方的授權下，海基會董事長辜振甫與海協會會長汪道涵，先後在新加坡與上海舉行「辜汪會談」，為兩岸破冰、接觸，開啟協商、談判的劃時代新紀元。

但因八十四年七月李登輝總統在美康乃爾大學演講，發表兩岸是屬「特殊國與國的關係」，中共認為是搞「兩個中國」、「一中一臺」，甚至為「臺灣獨立」鋪路，當月即發起大規模的針對性軍演與導彈試射，直到隔年三月二十五日才落幕，即是繼古寧頭、八二三後，史稱第三次臺海危機，兩岸風雲再起，幸第二次「辜汪會談」，達成加強對話，恢復協商共識，始避免差點因擦槍走火，又使兩岸關係歸零。

民國八十九年迄今，王耀華大學長認為兩岸是進入「變動期」的關鍵時刻。對臺而言，中華民國先後完成三次「政黨輪替」，分由陳水扁、馬英九與蔡英文執政，寫下政權和平轉移的民主成就；中國也歷經胡錦濤、習近平兩位領導人主政，開啟「大國崛起」，成為世界第二大經濟體，進行全面「改革開放」邁入攻堅深水期，以及部署「一帶一路」的新時代。

與民進黨籍的陳水扁總統，主政初期提出「四不一沒有」，也發表請中國領導人來喝茶的「大膽宣言」，中共以「聽其言，觀其行」視之。詎料，陳總統連任後又喊出「一邊一國」，成為美國頭痛的「麻煩製造者」，兩岸關係自然不進反退。

所幸，民國九十四年前副總統連戰以中國國民黨主席的身分，在北京會見胡錦濤後，共同發表「在認同『九二共識』的基礎上促進恢復兩岸談判；促進終止敵對狀態，達成和平協議；促進兩岸在經貿交流和共同打擊犯罪等方面建立合作機制，推進雙向直航、三通和農業交流；促進擴大臺灣國際空間的談判；建立國共兩黨定期溝通平臺」五點重要聲明，兩岸關係尚能維持穩定。

直到民國九十七年馬英九當選中華民國第十二任總統、一〇二年連任第十三任總統，國民黨重新執政八年期間，依據憲法「不統、不獨、不武」，秉持「九二共識，一中各表」原則推展兩岸關係，終能回溫，柳暗花明又一村，共簽署大三通、ECFA等二十四項兩岸合作協議與四項備忘錄，一〇四年十一月七日馬英九與習近平在新加坡會面，就推進兩岸關係和平發展交換意見，象徵兩岸政治分立六十六年後，雙方最高領導人首次會晤，是兩岸史上的最大突破，也是兩岸關係最佳時候。

但好景不常，民國一〇六年民進黨籍的蔡英文當選第十四任總統，拒絕承認「九二共識」，兩岸關係瞬間急凍，兩岸官方溝通互動機制與熱線已斷，海基海協兩會形同虛設，臺灣經濟立刻受到嚴重衝擊。一〇九年蔡英文以「九二共識就是一國兩制」、「堅定拒絕一國兩制」與「香港反送中動亂」，大賣芒果乾（亡國感）作為選戰訴求，激化人民「仇中」與強化國民黨「親中賣臺」的厭惡情緒，降低對其施政無能的反感，贏得連任，繼續執政。王耀華大學長憂心指出：「蔡政府若不能有效改善兩岸關係，臺灣人民肯定受苦，中華民國的國際空間只會愈來愈窄，期望蔡總統應以國家與蒼生為念。」

「凡走過必留下痕跡」！王耀華大學長「因不斷磨練而熟練，因不斷瞭解而諒解，因不斷投入而深入，因不斷付出而傑出」，在軍旅、外交、媒體與文化、學術交流等領域，寫下令人欽羡的精采人生，但他依然謙卑感恩，感謝國家栽培與師長好友的提攜照護。雖謙稱只是意外的驚喜，但從其稱職演活自己角色，走進時代也見證時代的歷程變遷，不僅是時代鮮活人物，更可從其身上見到中華民國近代史的縮影面貌。

懷念化公老師為本會奔走的身影

（中華民國團結自強協會）

王耀華

回首前塵，一如描述前國防部總政治作戰部主任王化行上將，畢生奉獻國家心路歷程的《王昇——險夷原不滯胸中》書中所言：「三八年整整一年裡，身分，指揮國軍在十天內先後寫下『古寧頭大捷』、『登步島大捷』，尤其金門古寧頭這一勝仗，不僅化解臺海第一次危機，振奮軍心士氣，而且國運也重現曙光。」

逆境定毅力，風雨生信心

正當中華民國以「一步一腳印」的扎實精神，使臺灣日新又新之際，中共對臺打擊更是變本加厲，進入民國六十年至七十六年「打壓期」。期間，我國雖然遭逢退出聯合國、中日斷交、中美斷交的國際外交巨變，但因蔣公殷勉國人「莊敬自強，處變不驚」，激勵全國軍民終能「逆境定毅力，風雨生信心」，在時任行政院長的經國先生領軍下，十項建設、十二項建設相繼展開，使臺灣完全脫胎換骨，邁入嶄新里程。

尤其，民國六十七年經國先生接任總統後，銳意致力經濟、國防、教育與政治建設，安然度過石油衝擊全球經濟金融的危機，更寫下臺灣經濟奇蹟，成為亞洲四小龍之首的輝煌成就外，國防與教育建設也日起有功。

此時，中共領導人鄧小平上臺，積極拉攏美國建交，對臺拋出「三通四流」：通商、通郵、通航與經濟、文化、科技、體育交流的統戰策略，當時政府是以「不接觸、不談判、不妥協」的「三不」政策回應，但經國先生亦察覺兩岸關係已起微妙變化，攻防作為必須有所改變。

成立中華民國團結自強協會

由於民國六十九年「迎接自強年」，民眾踴躍參加元旦升旗典禮的熱情，已蔚成愛國火苗，多位思維前瞻的博學之士，咸認為當成立「團結自強協會」的永久性民間組織，「以團結勝分化，自強勝孤立，作為奮鬥目標。」

化公老師為充實本會基金俾使會務能有經費支援，迅速推動各項工作，全力支持配合，經常可見其風塵僕僕，奔走全國各界，與社會青英俊彥、學者專家、企業領袖溝通，尋求支持，並與政府各部會密切協調，形成共識，六九年十一月內政部核准「中華民國團結自強協會」的申請，十二月十二日舉行成立大會，敦請東吳大學校長端木愷先生擔任理事長，並由當時第一銀行董事長陳寶川先生擔任祕書長。

不拿國家與國民黨一分一毫

然而，為使本會成立能順利推動會務，沒有錢是萬萬不能！化公老師認為本會既然是民間社團組織，就當擺脫政黨的色彩，不能成為附屬組織。為達永續經營目標，堅持不能拿中國國民黨一分一毫，也不許動用政府的預算，始能超然客觀贏得民心的認同與支持。化公遂陳請蔣彥士先生共同出面邀請吳三連、王玉雲等商界大老籌募基金，並請吳三連擔任「基金籌募委員會」召集人。印象中，在一次早餐會裡，王玉雲、王永慶、王永在、蔡萬春、蔡萬霖、許金德、徐貴庠、黃朝琴、林挺生、陳茂榜、孫法民等民間企業名家深感共鳴，當場表達他們樂意捐款的心意；其中，素有「高雄拆船大王」美譽的王茲華，因與化公老師有江西同鄉之誼，更是大方捐出五千多萬。

梅花餐、爸爸回家吃晚飯，令人難忘

正因為化公老師的積極奔走，本會經費才會很快就有著落，會務得以順利運作，而無「巧婦難為無米之炊」的窘困，始能發揮預期功能。除了元旦升旗典禮與一戶一旗運動，激勵國人的愛國心外，本會為響應政府行政革新，積極推展「梅花餐」、「爸爸回家吃晚餐」、「教孝月」、「好歌大家唱」等運動，對倡導社會良善風氣與傳揚中華文化倫理美德，確實發揮引領功效。

而為凝聚僑心，爭取海外僑界有力人士對中華民國的深刻瞭解與支持，本會積極配合政府辦理邀訪活動，也使不少異議人士得以有機會返臺與親人團聚，同時也親眼目睹臺灣民主、自由、法治與各項進步建設成果，因而改變其負面的刻板印象。如菲律賓僑領于長庚兄弟、日僑邱永漢等，尤其邱永漢更是返臺置產，並創辦《財訊》雜誌，提供國人企業經營等相關領域的深入報導資訊，開闊國人知識視野，貢獻良多，都是本會同仁努力的心血結晶。本人忝為本會一員，承蒙翟理事長信任器重，擔任推動兩岸交流工作，近年已完成西安、蘭州、東北等學術座談與文化參訪活動，並邀請中國學者專家、大學老師與學生來臺座談與參訪成效甚佳。惜因今年初「新冠肺炎」病毒肆虐，不得不暫停，期盼疫情早日解除，恢復兩岸交流，期為增進兩岸理解與人民情感，消弭誤解，避免衝突，盡分心力。

日新又新，再創新猷

時代巨輪不斷地往前奔馳，回顧民國七十六年是中華民國的民主憲政，政府在臺灣經過三十多年的艱辛經營後，大放異彩的一年，也就是經國先生宣布解除戒嚴，開放報禁、黨禁，對我國民主憲政偉大貢獻永留青史的一年，亦是兩岸關係進入「緩和期」。

民國八十九年迄今，兩岸則是進入「變動期」的關鍵時刻。對臺而言，中華民國先後完成三次「政黨輪替」，分由陳水扁、馬英九與蔡英文執政，寫下政權和平轉移的民主成就；中國也歷經胡錦濤、習近平兩位領導人主政，開啟「大國崛起」，成為世界第二大經濟體，進行全面「改革開放」邁入攻堅深水期，以及部署「一帶一路」的新時代。兩岸同文同種，都是炎黃子孫，兩岸領導人若能捐棄成見，才能共存共榮，不僅兩岸人民福祉有保障，而且「二十一世紀將是中國人的世紀」的斷言，必會成真。

再接再厲，續創新猷

「凡走過必留下痕跡」！四十年來，中華民國團結自強協會在端木愷、吳三連、陳寶川、章孝慈、白萬祥、張京育、高銘輝、汪元仁等歷任理事長領導下，對凝聚國人愛國心，促進兩岸交流瞭解，鞏固僑心，推動公益散播關懷愛心，淨化社會風氣，確實發揮很大的貢獻作用。尤其，在翟理事長的英明帶領下，本會充滿一片和諧與向心凝聚力，會務推動蒸蒸日上，更是可喜可賀，必能再創團結自強的新猷。

慈母心留人間

——悼念王師母逝世一週年

王耀華

我們永遠的老校長王昇夫人——王師母熊慧英教授，於中華民國一〇六年十二月二十一日，在子孫環繞合唱詩歌中，安詳地榮歸天家。家屬遵生前遺願從簡辦理後事，於當月三十日借王師母最喜歡的臺北市召會第三會所，舉行追思聚會。沒有花籃遺像，卻溫馨感人。全程由家人主持，孫輩彈奏樂器，透過一首首詩歌和禱告，藉著親友分享的短片，追思這位人稱「熊女士」、「熊老師」、「王媽媽」、「王夫人」、「王師母」。旋於民國一〇七年元月五日發引五指山，陪伴化公老師，長眠國軍示範公墓。

那美好的仗，已經打過了；該跑的路程，已經跑盡。王師母民國十四年生，祖籍江蘇六合，一生獻身教育，熱愛基督與教會。王師母卸下地上的重擔，離開我們已經一年了，在這段日子中，和藹可親的音容經常浮現在我的腦海中。民國五十三年我調化公老師辦公室充任參謀，每天早晚由民權東路國防部單身宿舍「鼎興營區」，到和平東路官邸接送化公老師上下班，總是見到王師母親手做早、晚餐，還以慈母口吻說：「王參謀，陪老師吃飯的時候多說說話。」餐後才准我離開。親同母子、視如己出殊感溫暖，一直到巴拉圭我都享受慈母溫馨。

記得民國四十四年十二月一日化公榮晉政工幹部學校校長，當時校長前妻胡香棣老師為教導大隊體育老師，不料積勞成疾撒手人寰，全校師生悲慟。化公悲傷之中，每日校務繁忙，還要照顧四個可愛兒女，最大的十一歲，小女兒僅一歲，正需母愛關懷，實非長久之計。經國曾任復旦大學文學院長的沈亦珍教授、李兆萱教授夫婦熱心介紹，認識了當時創辦臺灣第一個以教育實驗為目的臺銀幼兒園園長熊慧英教授。

王師母熊慧英教授師承陳鶴琴先生，陳先生被尊為中國現代幼兒心理學之父，與胡適、陶行知同為教育大師杜威之門生。熊教授為陳先生得意門生，民國三十七年隨許恪士博士赴任臺灣省教育廳任職，接著獲聘臺灣省立臺北女子師範學校，創辦附設幼稚園擔任主任，並在幼稚師範科教授「幼稚園行政與設備」，課程創新務實，深受師範生推崇與喜愛。

化公校長與熊教授因著教育理念相同，彼此欣賞而情投意合，乃於民國四十五年十一月在臺北成婚。適日全校師生假中正堂舉行茶會，我代表教導大隊同學參加，為他們喜結良緣祝賀。王師母幫助化公老師撫養四個兒女、照顧老師生活起居無微不至。她看到復興崗許多兒童，沒有機會接受良好教育，為了實現教育理想，創辦了「復興崗幼稚園」，培養出教授、將軍、藝文界名人。王師母亦受僑委會之託，赴菲律賓協助發展華僑幼兒教育、培育幼教師資，至今仍受華僑教育界所紀念，當年發展的幼兒課程目前還被使用。

王師母熊教授洞察臺灣教育大班級「養鴨人家」式的惡質教育環境，是造成學生問題、青少年犯罪的淵藪。她認為教學需因應學生身心發展特徵需要來設計，本於人格統整，以社會化統整性教育法為之。王師母相信小班、小校、不培養明星的教育，自然沒有暴力。於是在民國五十二年創辦了「奎山實驗學校」，是一綜合性的從幼稚園起，經小學而至中學的小班制、少班數、小型的實驗學校。對教育改革並創新，不斷地進行實驗研究。「奎山」是化公尊翁的大號，以紀念化公尊翁命名、慎終追遠，其動機令人敬佩。

奎山學校是以教育研究為目的，沒有絲毫營利思想。學校沒有任何財團、教會的資助，王師母堅持取經費之於家長、用盡於學生，自己不領薪資、不取學校一毫錢，每天將家中剩菜帶便當到學校。創校時期艱難，人力財力不足，經常見到王師母衣服、頭髮上沾著水泥地跑前跑後。有時校務未處理完，睡在幼稚園三樓鐵皮屋。記得一年冬天寒流來襲，要我和駕駛張大叔送床被子禦寒。民國六十一年陽明山管理局裁撤，因著市政重新規劃，奎山得以賣掉舊校地償還重債，並能新購校地建樓。王師母非常清楚，這所學校是上帝所賜！

奎山校園不大、但是軟硬體設計精緻，凡是以學生為本位、到處可以看見王師母的用心。例如，上課椅子特殊設計，中午可以讓學生躺下來休息。樹屋、纜車、吊橋、六層樓滑梯等，都是在其他校園看不到的。王師母堅信親情是孩子學習的支柱，因此鼓勵家長帶便當，學校不提供午餐，主動放棄名正言順的額外收入。但是學校每天為老師準備豐盛早餐，支持老師體力以應付學生的需要。學生在學校裡養雞種菜、爬樹撈魚，藉著親手做事的體驗，讓杜威知名教育理想「教育即生活」得以實現。難怪有外國學者，形容奎山是「最杜威的學校」，在西方都見不到。

除了是臺灣第一所小班制的實驗學校，奎山早在六十年代就推動精緻語言的經典課程，學生從小熟讀《三字經》、《朱子治家格言》等古文古詩，自幼學習做人做事的態度。同時，王師母認為：「高貴的心靈是教育的根桿，根桿穩固方可枝繁葉茂。」因此還在奎山推廣靈修教育，以聖經為真理的根基，透過靈修教育幫助孩子生命成長，教導學生做正確的判斷並過自律的生活，協助其在學業及人際關係上邁向成功。也因此奎山的畢業生，進入社會誠懇務實，普遍受到大家的肯定。

王師母慈祥關愛全校師生，大家尊稱她「王媽媽」。我的感受最深，我的子孫家人至今仍享受她慈母溫馨與恩典。王師母對幹校學生、舊屬照顧也無微不至，像王福吉上校子女眾多，退伍後家境艱困需謀工作養家；教導大隊同學吳建瓊女兒大學畢業後，赴美留學需學費；旅巴拉圭華僑徐宗耀返國謀一棲身之所，王師母安置學校夜班，解決生活問題。王師母悲天憫人，凡是請她幫忙，沒有拒絕兩字從她口中露出。王師母樂善好施慈母心腸，永遠留在人間，讓人感念與追思。

王師母早年創辦的臺銀幼兒園，以及今日的奎山學校，都是教育之典範，為臺灣留下重要的教育史章。王師母同時也受聘任教於臺北師專、臺北女師專、實踐家專、淡江學院、文化大學、師範大學等校。其中創辦了文化大學青少年兒童福利學系所，培育大學幼教相關系所之教授，以及幼兒專業人員，至今也為人稱道。臺灣第一位幼兒教育專業的留美博士，就是王師母所栽培。且鮮為人知的，貴為將軍夫人的王師母，為了兒童福利，帶領學生衝撞體制及權威，為臺灣的兒童福利開創平臺，推上了更高的格局。

民國七十二年十一月間，化公榮任駐中南美洲巴拉圭共和國大使，王師母毅然放下國內所有繁務陪同前往，在下參謀王耀華、行政官湯守明、士官長張席珍有幸隨行。倆老在巴國任期八年間生活平靜，彼此扶持、相親相愛。本著教育熱忱與專業知能，王師母領導使館同仁及眷屬出錢出力，推動僑界募資籌建「巴拉圭亞松森中正僑校」，不僅發揚中華文化，也培育優秀的未來人才。同時間，王師母也幫助當地教會的發展，傳播基督教義，淨化心靈以端正社會風氣，穩定僑社團結與和諧。

當地貧困區域缺乏產房，產婦及新生兒暴露在極大風險下。天性慈祥的王師母深感不捨，率領僑界婦女出錢出力，經過一年多的努力，終於在貧困區中心，蓋建了一棟產房，並推動相關衛生教育，當地婦女領袖喜極而泣。因為看到許多孤兒流浪街頭討錢，每周四的清晨，慈心的王師母會在巴京市區，分送春捲給孤兒當早餐。這些當年的孤兒，如今也許已成為巴國社會的中堅，他們應該不會忘記，吃過中華民國大使夫人王師母親手包的春捲。

當地華僑及館員都知道，王師母知名的「春捲外交」。王師母擔任巴拉圭外交婦女團主席，不僅能用西班牙文演說，還用春捲吸引外交團參加我國大使館活動，幫助大使推展外交。居然非友邦的大使，還特別在我雙十國慶升旗慶祝。巴國政變當天，聰明機智的王師母偕同館員眷屬，連夜包了四百多條春捲，分送剛上臺的羅德里格斯總統兩百條，以及剛下臺的史托斯納爾總統兩百條，讓他們同時感受到中華民國大使及夫人的友誼和支持。中巴友誼堅固，王師母功不可沒。

主師母可稱為教育家、慈善家、宗教家、外交家，她有耶穌基督背負十字架救世人的精神，又以慈母心腸來養育後人，王師母將永留人心。

十歲傳令兵

——走南闖北的傳奇軍旅

王耀華

民國二十九年九月一日我出生於山東費縣，父親畢業於山東師範學院，曾做過老師，之後擔任家鄉鄉長兼自衛隊隊長，日軍入侵，他組織游擊隊留在山東和日軍一路糾纏到抗戰勝利。抗戰結束，父親王瑞昌原繼續與來犯的共軍打游擊，惟局勢惡化，於是帶著一家四口離開山東。先隨部隊參加徐蚌會戰，之後和散兵撤退到南京。兵荒馬亂之際，我母親和弟弟竟然走失，從此分離直到開放探親，父親才和當年失散的妻子相見。而我就隨父親先逃到廣州，然後到高雄。

三十八年七月，父親擔任高雄要塞司令部守備團第五連上士副指導員，連長是商廣堯；我年僅十歲，出任團部傳令兵，每月薪水新臺幣七毛五。駐防高雄西子灣，也就是現在中山大學，前後一年多。因為當時部隊官長會把不能當兵的年幼親人安插職務，就近照顧，因此出現父子兵、兄弟兵等情況。

後來孫立人將軍為強化作戰能力，下令成立幼年兵總隊，把陸軍未滿十八歲的娃娃兵全部調集受訓。於是我離開父親先到鳳山報到。四十年再到臺南三分子受訓，直到四十二年二月十六日因幼年兵總隊解散，才被政工幹校的化公老師接到政工幹校教導大隊唸書。

我們三百多名娃娃兵到了幹校，整編為教導大隊一至三中隊，住在稻香路旁的教育區。一中隊年紀較大，專門培訓成老總統的侍衛隊，我分在二中隊，當時隊長是耿雲卿，指導員張慧元。之後從小學三年級一直唸到高中，六年間分別通過小學、初中和高中國軍隨營補習教育。記得在教導大隊每次放假前，都要抽背國文，有一回化公老師到隊部召集學生背誦國文，我把〈禮運大同篇〉從頭到尾一口氣背完，化公老師非常高興，當場送我一支派克原子筆作為獎勵！

四十八年通過高中同等學力測驗後，我因為成績不錯，保送政工幹校；雖然同時考上空軍官校與海官陸戰組，但因眼睛通不過空官的視力平衡線測驗，所以和林祥金、李東旭、陳沛興、鍾群貴、耿茂田等教導大隊同學一起就讀新聞系九期。

我們到新聞系時系主任是胡一貫，後來是林大椿，助教是七期袁玉衡。在校四年，薪水始終只有新臺幣四十八元。由於我成績不錯，領過三次徐摶九獎學金，每回五百元，是我學生薪水十倍之多。第一次領獎，我買了一臺腳踏車，送給住在學校旁的父親作為代步工具。五十二年軍校畢業時，我先留在政戰系擔任少尉助教，後來出任學生部隊職官，接訓十三、十四期同學。五十三年接獲公文，擔任總政戰部執行官王昇中將的中尉侍從官，隨後在總政戰部長期工作，一路晉升到行政室上校副主任。之後再到聯訓部、巴拉圭，到目前的財團法人促進中國現代化學術研究基金會，連同學生時期，前後跟隨化公老師近五十年。

我於民國五十四年結婚，和太太一直住在北投稻香路買的房子，並且把父親從花蓮榮民之家接回奉養。婚後育有兩個兒子，長子娶了九期同學丁振東將軍的女兒，現在已有三個活潑可愛的孫女。

七十二年化公老師奉派巴拉圭大使，雖然我家有老父及妻小，但還是和二十期外文系西班牙文組學弟湯守明，跟隨他老人家遠渡重洋到巴拉圭大使館擔任副武官。當天只有宋長志、郝柏村等幾位長官送行，眼看一度權勢如日中天的化公老師，黯然離開臺灣，我內心裡感到有些淒涼。記得那次，我們從中正機場先飛洛杉磯轉佛州邁阿密，再到巴拉圭亞松森，前後足足花了三十六小時。

巴拉圭總統當年是史托斯納爾將軍擔任，因來臺訪問過，而且巴國又有軍官在政戰學校遠朋班長期受訓，因此化公老師早和巴國高級將領熟識。那時候大使館武官是李西林（陸官三十七期），大使館內只住大使夫婦和五名憲兵，而我就近租屋照顧大使生活。

化公老師到巴拉圭後，首先積極推展僑務及發展黨務，沒多久就成立中國國民黨巴拉圭支部，同時以華僑聯誼協會名義，每周四舉辦莒光日活動，邀請亞松森僑民參與。莒光日多半是動態性活動，諸如教唱土風舞、球類運動、每家一菜家庭聚會和慶生會活動，很快就拉近與華僑之間的感情。

另外，化公老師也積極整頓僑務和外交事務，例如創辦僑校，以及獨排眾議開闢農業示範村。他常說：「給人吃魚，不如給人一支釣竿。」因此第一年，化公老師就向外交部爭取經費，協助巴國政府開闢了三個農業示範村。同時向農委會爭取技術人員，傳授當地農民蓄養家畜、家禽，和種植水稻、馬鈴薯等技術。當時巴拉圭非常落後，基礎設施、發電量和醫療資源都不足，年均所得只有六百元美金，但在我國技術協助下，陸續成立了十五個農業示範村之後，各村農產品不但自給自足，更有多餘農產品賣到都市，八年後我離開巴國時，年均已經增加到三千多元美金。

我在巴拉圭大使館任職時，那時候薪水還不錯，每月三千多美金，平常主要工作是安排大使行程及照顧生活起居。假日偶爾打打高爾夫球或上山打獵，運氣好時可以獵到鱷魚和狐狸，讓同仁打打牙祭。

旅居巴國期間我曾返國四次，後來軍職停役辦理退伍轉任外交部公務員後。八十二年派到外交部美國德州休士頓代表處擔任專員。總計我在國外工作十年，最大的收穫是體驗了不同的西方文化與生活；南美洲人民的熱情，酷熱的氣候，豐富了我的人生。雖然我語言能力不強，但經過十年的磨練，無論是西班牙語或英語，簡單的生活會話都能應付。

返國後我很幸運來到華視新聞企管部、業務部擔任副理、經理等職務。之後又再度協助老長官化公老師，成立促進中國現代化基金會；目前我仍在這個基金會擔任執行長，致力推動兩岸青年學子互訪，以及協辦促進中國現代化民主發展學術交流等工作。

回首前塵，最讓我感激的，就是政工幹校十年的栽培以及化公老師當年長期大力的提攜和照顧。

王耀華長期購物忠誠顧客實相符

李紀岡

「我從家裡步行到北投福利中心，不用五分鐘，這二十多年來，我家三代所需的日用品，幾乎都可以在福利中心輕易買得到，如果說北投福利中心，就像是我家開的福利社，我想一點也不以為過。」幼年兵出身的備役上校王耀華榮民，談到他長期在福利站購物心情時，開心地做了以上表示。

今年七十多歲的王耀華，山東費縣人，三十八年跟著父親到高雄要塞司令部守備團，出任父親的傳令兵。後來孫立人陸軍總司令幼年兵總隊，把全陸軍未滿十八歲的娃娃兵，先調到鳳山，四十年再轉到臺南三分子營區受訓，直到四十二年二月十六日，因幼年兵總隊解散，他才被送到政工幹校教導大隊唸書，那時他只有十三歲。

王耀華說，當年他們三百多名娃娃兵到幹校後，被整編為教導大隊，全部隊員都住在稻香路旁的老教育區，也就是現在北投福利中心的位置，周遭還有老木蘭村，印刷廠和中國電影製片廠等設施。在這裡他從小學一直唸到高中課程，讀了六年書，後來考上政工幹校新聞系，又讀了四年大學新聞課程，結婚後迄今也一直住在稻香路自購的房子，因此對北投福利中心環境熟習得不得了。

王耀華並指出，國軍最早由聯勤成立福利社，民國五十二年，才正式成立國防部福利總處，他記得當年剛開始只花了五百多萬元，成立之初，各地福利中心，因為沒有什麼錢，為了應急，初期許多福利中心就把用過的紙箱，或麵粉袋洗乾淨，賣給麵粉廠，積少成多，作為員工的獎金。之後在總處長官和所有員工共同努力之下，加上納入榮民和公教體系，福利總處日後逐漸蓬勃發展，生意愈做愈好。

王耀華進一步分析說，福利總處過去能一路經營五十年，源源不斷，長期對消費者供應價廉物美物品，在經營策略上，歸納起來有以下幾個原因：

一、產品直銷，大多數物品都直接向工廠進貨，減少中間商轉手額外開銷，物品價錢便宜；

二、福利品廠商進貨就可以拿到預期支票，不會發生倒帳問題；

三、福利總處員工大都是退休政戰幹部，或是眷屬，向心力夠好，他們不拿回扣，對顧客客氣氣，服務態度良好；

四、員工事前訪價功課作得好，會比價，商品品質好，貨品齊全，逾期貨品可以更換，能有效滿足客戶需求。

雖然北投地區，這幾年雖然也陸續開設好幾家全聯社和家樂福量販店，但是基於懷舊和地利因素，王耀華全家還是喜歡到福利中心購物，一買就超過二十年以上，主要原因是員工大都是退休政戰幹部，或是眷屬，教育程度高，向心力夠好，雖然這幾年各站工作人員少，經常加班，但他們不以為意。員工一樣對顧客客氣氣，看到他就喊「伯伯」，或「大哥好」，有禮貌，感覺就像一家人。

另外，北投福利中心有寬敞的平面停車場，停車方便。而他住得近，不論是開車，或是走路，三、五分鐘，就可以來到北投福利中心，經常帶著家人，就近購買到家裡三代同堂所需的奶粉、餅乾、食米等各項日用品，實在方便，就好像是自家開的福利社，因此他這幾年來也順理成章奪得北投福利的忠誠顧客頭銜。

化公老師與華視

王耀華

我是民國八十四年元月一日，由外交部駐美國休士頓代表處退休，返國後就來到華視行政室擔任副理，民國九十二年離開華視，共計八年，前後追隨張總經理家公、楊總經理培公、周總經理蓉公，他們非常提拔我、照顧我，歷練行政室經理、業務部副理、經理等工作，績效尚可，與同事相處非常融洽，工作很愉快，很值得懷念及回憶。

銜命化公教育心，籌辦華視電視臺

記得民國五十七年，化公老師擔任總政戰部執行官時，在國軍政治教育政策改革專案研討會上，提出空中教學方式，成立專責電視臺，製播政治教育節目，國軍各連隊，尤其部隊任務特殊碉堡據點，可定期收看。其優點可選擇國內優秀學者擔任教官，也可取代各連隊政戰幹部，擔任政治教育教官，大幅提升教育水準，教學形式多樣化，使官兵不致枯燥無味，寓教於樂，增加官兵興趣，以收政治教育效果。籌建電視臺不是容易事，化公老師向時任國防部長經國先生報告建臺之事，經國先生說：國內已有台視、中視，不同意再設第三家電視臺。

化公老師鍥而不捨，竭力多次向經國報告，這個第三家電視臺，是以國軍官兵思想教育為宗旨，在部隊各單位、各據點、外島，裝設閉路電視，透過教學頻道，讓國軍官兵在同一時間，收看同樣課程，統一教學，說法一致，避免人之不同，說法各異的弊病，只要請一位老師在電視臺主講，各單位、各據點、每個角落官兵打開電視機同時收看，這樣省錢、省事、省力，可以收到統一政治教育效果。經國先生聽了化公老師建言，終於同意籌建電視臺，化公即與教育部洽商將該部教育電視臺頻道與國防部共同使用，每天在最好時段，由教育部播放教育教學課程及成立空中學校，對失學青少年再教育，使那些在工廠、在社會各階層子弟，仍可接受良好教育，比照普通高、初中課程授課，修業期滿則舉辦考試鑑定，合格者頒發同等學歷文憑，可升讀大學。

群英薈萃闢荊棘，另闢蹊徑定乾坤

教育部在民國五十八年二月正式致函國防部，由兩部派員進行建臺籌劃工作，國防部由化公老師、王和璞、阮成章、蕭濤英四位代表，教育部由謝又華、程勉儕、李覲高三位，共七位，跨部組成籌建指導委員，推選化公老師任召集人，集思廣益，共同策劃督導作業人員，研擬具體建臺計畫，以推行中華文化復興，發展政治教育及空中教學，激勵民心士氣，增進社會進步與安定，將教育部教育電視臺擴建，改為中華電視臺。

臺址選定臺北市光復南路一百號，使用土地約四千餘坪，建電視大廈、行政大樓各一座，並在北、中、南、嘉義、苗栗等五處購地，建設微波中繼站，建臺經費約新臺幣一億元，由國防部捐助五千萬元，軍人之友社以勞軍名義資助五千萬元，教育部則以教育電視臺設備折價為捐資，報請行政院核准，先行於中華民國五十九年八月一日，正式成立中華電視臺籌備委員會，由國教兩部，聘請化公老師、劉先雲、秦孝儀、瞿紹華、宋時選、袁行濂、汪敬煦、謝又華、李覲高、鐘義均、藍蔭鼎、王和璞、李曼瑰、蕭濤英、羅鎮常等十五人為委員，化公老師為主任委員，劉先雲為副主任委員，同時成立籌備處，劉先雲為兼任處長，蕭政之先生任副處長，執行建臺工作。

電視臺預定於六十年十月十日試播，十月三十一日先總統蔣公華誕時，恭請嚴副總統先生夫人主持按鈕，正式開播。同時遵照公司組織法，成立董事會、監事會，分設企管、財務、安全、採購四室，新聞、節目、教學、工程、業務五部。董事會推選劉闊才先生為董事長，劉先雲先生為總經理，蕭政之先生為副總經理。總經理又聘曾文偉、吳火德、王良翰、聞功九、宋乃翰、李明、周奉和、胡嘯虎、常松茂為經理，分別負責各部門工作業務。

創立軍教莒光日，開播史劇包青天

中華電視臺正式成立。國軍政治教育「莒光日」邁進空中教學時代，也就是今日稱的遠距教學，可以說遠距教學是化公老師創舉。國軍官兵可以收看最優質的教學節目，國防部規定每週四為莒光日，使每位官兵最喜歡的日子，再也不會枯燥無味。因為電視臺生存全靠廣告收入，教學節目賣不出去廣告，沒有收入，化公老師每日下班，邀約蕭副總經理、節目部李明、張永祥等人，在辦公室吃便當，研商如何賣廣告，增加收入，使電視臺永續經營，沒多久即推出「嘉慶君遊臺灣」、「西螺七劍」、「包青天」、「保鑣」等歷史劇，叫好、叫座！再加上臺南統一集團高清愿董事長母親病逝時，蕭先生親自帶者業務部同仁到靈堂前鞠躬致意，高董事長深受感動，於是對蕭先生說，統一集團所有廣告由華視托播。因為廣告滿檔，戲劇、綜藝收視長紅，使友臺刮目相看。

華視是化公老師費盡心血，絞盡腦汁，完全從無到有，從零出發，雖困難重重，但鍥而不捨地堅持、克盡全力，方得以創建成功。他老人家每次到部隊基層角落，甚至在巴拉圭僑界，看見國軍官兵及僑胞，收看華視莒光日節目，點滴在心頭，無限欣慰。今逢華視創臺五十週年，期間每天播放節目精彩，收視長紅，教化社會，對國軍官兵及社會觀眾，貢獻良多，必告慰化公老師在天之靈。

春風慈父情秋霜寸草心

——憶化公老師為教導大隊赤子付出之恩

李吉安

是苦命，也是幸運的一群！當年教導大隊的幼年兵，因有化公老師如和煦春風般的照護，個個方能成器，擺脫時代加諸命運的殘酷，在人生道中開創出屬於自己的一片天空，對王耀華老師來說，一切更是畢生難忘。

回首前塵，命運造化弄人，國共內戰兵燹，造成蒼生顛沛流離，民國三十八年中國大陸變色，許多軍民追隨蔣公來臺，力圖振作再起。其中，尤以一千三百多位寄居部隊的「娃娃兵」，未來命運更是未卜難料，令人擔憂。

命運多舛的幼年兵總隊

幸蒙時任陸軍訓練司令兼臺灣防衛司令的孫立人將軍的愛心收留，於民國四十年三月十八日下令成立「幼年兵總隊」，將這些未滿十六歲的戰亂孤兒，全部集中在臺南三分子營區，編成「陸軍總司令部幼年兵總隊」，共編成三個大隊，九個中隊，給予妥善照顧。

惜好景不常，「幼年兵總隊」於四二年二月十六日被迫解散，一千多位「娃娃兵」何去何從，一時在其幼小心靈再蒙陰影，直到曙光出現，才又燃起希望。

印象鮮活歷歷如在眼前的王耀華老師，清楚記得絕大多數年齡較大的同學，分撥部隊補充兵員；較年幼的三百三十三人，則撥編至政工幹校，半年後也從臺南三分子營區赴復興崗「老教育區」馬柵安置後，即成立「教導大隊」，下轄三個中隊。

除「教一隊」年滿十八歲高大威武的九十位「同學」，被遴選為總統府警衛隊的衛士，先至花蓮警衛大隊「特勤班」接受八個月的訓練後，正式擔任保護國家元首的重責大任，以及不能下部隊之人送到運輸兵學校接受駕駛兵或汽車保養訓練，結訓後分發國防部汽車大隊和美軍顧問團擔任駕駛或保修人員外，「教二」、「教三」隊年紀較小的同學，接受良好教育。

化公老師視教導隊孩子如己出

時任教育長的化公老師，將這些失怙無依的幼年兵，視如己出親生般的孩子疼愛，盡力給予溫馨環境，讓同學們有個安心學習與健全成長的生活空間。為使教導大隊同學都能達到教育學習的成果，王耀華印象深刻地說，當時先辦理程度測驗，分成甲、乙、丙、丁、戊五個班，予以因材施教，讓每位同學都能完成普通高中的學業。

由於教科書與授課老師的需求，教導大隊的編制與經費，國防部並無預算編列支撐，化公老師不忍、也不願意見到這些孩子失學無助，費盡心力籌措，並發下豪語向國防部請求：「只要准發一塊錢，他就一定能培養孩子們完成高中學業，並能鼓勵每位同學讀大學或軍校，以報效國家的培育之恩。」王老師不疾不徐，娓娓道出化公老師為教導大隊同學們奔走，爭取受到良好教育機會，這段鮮為人知的感人故事始末。

王耀華並表示，在化公老師鍥而不捨的努力下，得以爭取到臺灣省教育廳捐贈的課程教材，數理化學科也能獲得北投復興中學老師協助教導，其他課程則由復興崗老師及隊職幹部講授，終能克服「巧婦難為無米之炊」的窘困，讓同學們都能快樂地學習。

教導大隊同學個個都是良才

有鑑於民間普通中學的學制是三年，每年各有上、下學期，但教導大隊則是將寒暑假扣除大部分的天數，變成三個學期，讓同學們心無旁騖，按部就班的學習，透過國防部「隨營補習教育」的鑑定考試，取得同等學力證書，得以分別報考大學及三軍官校、政工幹校（後改制為政治作戰學校）、財經管理學校等軍事學校，王耀華就是因此機緣，考取母校復興崗九期新聞系，而能築夢踏實的受惠感恩人。

復興崗教導大隊的學習生活是有情有味！王老師還記得當年從大陳、緬甸、富國島等地來臺，有多位未成年的同學也在復興崗入列，大家朝夕相處，無話不談，革命情感愈發濃郁。

尤其，跟隨李彌將軍來臺的印度籍少年鍾中英、緬甸籍周有復，兩人足球技術超群，代表教導大隊在校外競賽中，屢屢過關斬將，令對手頭痛不已，不得不甘拜下風，為校爭光，功不可沒。尤其，鍾中英同學的英文歌曲唱得好，教人回味無窮，日後更成為憲光藝工隊的火紅臺柱。

而讓王耀華老師最為感動難忘之事，就是當年生活環境克難艱辛，早在臺南三分子營區，政工幹校還未接收前，教導大隊同學年少營養不良，幾乎都是肚大臉黃，為鉤蟲、砂眼等疾病所困，健康普遍亮起紅燈，但是化公老師卻是備極關懷，責成復興崗醫務所醫官梁國俊中校及士官長高秉涵趕赴臺南，治癒同學們的痼疾外，並向軍友社申請含豐富維他命B1、B2的酵母片、魚肝油、眼藥膏，使同學們不但恢復往日的健康活力，而且也對未來充滿希望憧憬。

一塊錢辦教育的愛心成果

此時，王老師話鋒隨即一轉又說，教導大隊同學純潔忠誠，參謀總長周至柔上將挑選部分同學，施予短期訓練後，隨即擔負蔣公警衛勤務；國防部特勤室主任金戈將軍，也從中挑選部分優秀成員派赴「清風園」，擔任國家最高電訊幹部，分派世界各國執行任務，部分同學也將學校所學軍樂、電影攝製、印刷技術等一技之長，在軍中或民間都能「人盡其才」外，大多數同學都投考母校大學部所有科系，也有幾位考取陸軍官校、空軍官校、財經學校等軍事院校，繼續學習，而未中斷。

這也讓化公老師親眼看到：「用一塊錢教育經費，培養這些無爹無娘的孩子們，在國家各角落，都能貢獻心力，發揮所長，不負期望的成果。」

王耀華老師欣喜地說，他們教導隊同學榮陞將軍有林祥金、馬紀行與許運超三人；也有知名報人袁玉衡，擔任過《中國郵報》、《中華日報》、《民族晚報》、《聯合報》及《世界日報・印尼報》要角，也在母校新聞系開課及任光武工專教職，春風化雨，為國家社會培育不少優秀人才；更有名作家桑品載與擁有美國哥倫比亞大學博士學位的名教育家魏兆歆（高雄海洋大學前身高雄海專校長）；餐飲達人則有李發賢、蔣達昌，分別在法國與美國大放異彩，為當地華僑與外國友人聞香下馬，滿足舌尖味蕾、百吃不膩的美食天堂，不僅發揚中華飲食文化的豐厚底蘊，而且也增進我國與法、美間的情誼，貢獻良多。

王老師特別引述王業凱將軍告訴他的這段話：「你們教導大隊同學蔣達昌，在華盛頓社區的中國風味的小吃館，當地美國人都很喜歡去品嘗消費。由於他很大器、肯捨得，看見外國人很節省，都會捨不得吃完，然後將剩餘菜餚打包帶走。蔣先生見狀，會經常給他們再加送春捲、加滿酸辣湯，讓他們都有賓至如歸的顧客至上尊榮，因此高朋滿座，就連美國許多國會議員也都是時常光臨的座上賓。

現任「復興崗新聞系友會」理事長林亦堂，當年在美攻讀博士期間，常與友人前往蔣達昌學長的餐廳聚會，並品嘗美食佳餚；日後退休又參加蔣學長所組的「老饕酒友會」，至今仍感到快慰懷念不已。

化公老師養育之恩永銘心田

同患難、共甘苦的情誼是最真誠、最為光輝神聖，教導大隊的同學們，儘管日後在人生各領域都已嶄露頭角，但這份血濃於水的革命情感，從未退色且隨著歲月增長，愈發馥馥甘醇，每年都會舉辦聯誼活動，化公老師在百忙當中，也會撥冗到場慰勉，滿滿溫馨深烙在同學們的心田裡。

有次，化公老師當眾掏腰包，拿出十萬元給同學會袁玉衡會長，作為每年活動的基金，關愛之情，實言語難以形容！

「哲人日已遠，典型在夙昔！」教導大隊同學們因有化公老師如園丁般的辛勤呵護，才有今日的幸福美滿，否則早已流落街頭，成為社會遺棄的邊緣人……。現在同學們每年會選在十月五日化公老師仙逝之日，相聚相敘並感念恩師的「養育」教誨摯情。王耀華老師滿懷感激，流露出赤子悼念追思化公老師春風慈父情，永遠燦爛芬芳的感恩之情。

王昇大事年表

民國四年（西元一九一五年）

- 出生。
- 農曆十月二十八日生於江西省龍南縣木笛村祖居。

民國十三年（西元一九二四年）

- 10歲。
- 就讀於龍南縣立致良小學。

民國二十一年（西元一九三二年）

- 18歲。
- 就讀於南埜國學專科學校，受教於廖成薄老師。接觸到中國文學、哲學、社會科學；並有機會自行研讀美國歷史，先後修業四年。
- 這四年是開啓知識大門，崇拜孔子、孟子，並接受孔孟所定下的道德規範。嚮往華盛頓、林肯、富蘭克林等民主共和的政治思想，並於此同時開始閱讀中國文學作品如：《紅樓夢》、《三國演義》、《西遊記》等。

- 心中的民族英雄為文天祥，對文天祥「人生自古誰無死，留取丹心照汗青」兩名句，深受感動，烙印心底。

民國二十五年（西元一九三六年）

- 22歲。
- 加入江西保安團，任職少尉文書員。

民國二十六年（西元一九三七年）

- 23歲。
- 調往江西新豐縣第六熱血青年訓練團文書員。

民國二十七年（西元一九三八年）

- 24歲。
- 調升第六熱血青年訓練團團部副官，這次調動影響日後關係甚鉅。是年，蔣經國被派至江西，擔任新兵訓練監督處長，而第六熱血青年訓練團即隸屬於該處麾下，與蔣經國間之關係初步開始。

民國二十八年（西元一九三九年）

- 25歲。
- 經過激烈競爭，考取戰地幹部訓練團（簡稱戰幹團），不久改制為中央軍校第三分校第十六期。
- 是年，蔣經國奉派為「三民主義青年團江西支團籌備處」主任，延攬優秀人才加入組織而成立「三民主義青年團江西支團幹部訓練班」，班址設於江西赤珠嶺。蔣經國要求中央軍校政治部主任胡軌，推薦學員到赤珠嶺受訓。胡軌當時推薦三分校十六期學生七十二人（包括王昇在內）；另推薦大專畢業生七十二人至赤珠嶺幹訓班受訓，當時蔣經國兼任訓練班主任。三分校畢業後，本意志願去長沙戰區野戰部隊擔任排長，後被遴選至赤珠嶺受訓，與蔣經國之間師生關係，於焉開始。證實兩句話：「許多事實的偶然，造成歷史的必然。」

- 赤珠嶺受訓三個月，有三點重要影響：

  一、進一步瞭解三民主義的博大精深，且為中國之必需；

  二、進一步認識蔣經國的誠懇樸實、熱愛國家、關懷群衆；

  三、以第一名畢業，被指派到蔣經國專員公署服務。

- 十月被派任行政專員公署視察，擔任分區掃蕩工作，其責任區為：信豐、安遠、尋鄔三個偏遠的縣分。

民國三十二年

（西元一九四三年）

- 29歲。
- 三月被派往重慶，參加為期三個月的中央訓練團幹部訓練班第三期受訓。
- 六月返回江西，擔任三民主義青年團江西分團幹部訓練部門政治指導員（訓練組長）。

民國三十三年
（西元一九四四年）

- 30歲。
- 考取中央幹校研究部第一期。（參加考試的約七千餘人，錄取三百人，競爭極為激烈。）
- 於赴復興關報到途中，路經遵義，時值中秋月夜，有感而賦詩一首：

  史篇讀罷意闌珊，昂首蒼冥星斗寒；
  千古忠貞齊被妒，英雄何日淚能乾。

- 十月，蔣委員長號召「十萬青年十萬軍」，於深思後，決定響應，從軍簽名簿上列為「第五十二名」。決定從軍後，賦詩一首：

  讀書未盡蘇洵志，別闖難為張敞心；
  千古英雄笑兒女，肺腑深處話從軍。

- 同年入政工班受訓。

民國三十四年
（西元一九四五年）

- 31歲。
- 奉派江西蓮河青年軍幹部訓練班東南分班學員隊中校指導員。
- 六月調三十一軍政治部上校科長。
- 十一月與胡香棣女士結婚。

民國三十五年（西元一九四六年）

- 32歲。
- 七月調任嘉興中學訓導主任。

民國三十六年（西元一九四七年）

- 33歲。
- 奉調南京任預幹局視導，並兼任青年軍聯誼會指導組長；同年參加三民主義青年團全國代表大會。

民國三十七年（西元一九四八年）

- 34歲。
- 奉調青年部任組織處副處長。八月十九日政府頒布「財政經濟緊急處分令」，成立「經濟管制委員會」，蔣經國任上海督導區督導員。
- 八月二十日調任戡亂建國總隊第六大隊大隊長，赴上海協助經濟管制工作。
- 九月二十五日成立大上海青年服務總隊任總隊長。
- 十一月三日以戡建總隊名義發表「告別大上海青年同志書」，為上海經濟管制劃下悲壯的句點。

民國三十八年（西元一九四九年）

- 35歲。
- 元月二十一日蔣公引退。

- 戡建總隊更名救國團。原駐上海部隊改為救國團第三總隊，任總隊長。
- 三月任江西省黨部書記長。
- 十月第三總隊調廣州，改番號為政工第三總隊，升少將總隊長。
- 十一月從成都飛海南島轉臺北即赴臺中。

民國三十九年（西元一九五〇年）

- 36歲。
- 四月蔣經國電召至臺北，任總政治部第五組上校副組長。
- 九月調國防部總政治部第一組上校副組長；並兼「淡水訓練班」駐班副主任。思考長期培養政工幹部構想，擬提政工幹部學校創校計畫；並獲經國先生原則支持。

民國四十年（西元一九五一年）

- 37歲。
- 歷經艱難過程，政工幹部學校建校計畫終於在總政治部部務會報提報，並獲經國先生裁定：於民國四十年二月正式成立建校委員會。
- 七月一日政工幹部學校奉准成立，任訓導處上校處長。（政工幹部學校從意念產生、計畫擬訂、籌備艱辛、正式成立。其間一人一物、一草一木、淚汗交織、篳路藍縷都全程參與，其與政工幹校的深厚感情非筆墨所能形容。）

民國四十二年（西元一九五三年）

- 38歲。
- 升任政工幹校少將教育長。
- 六月派兼國防部人事訓練班駐班副主任（即一般稱之為「石牌訓練班」）。經國先生派任目的，在於人事工作整合與重建。

民國四十四年（西元一九五五年）

- 40歲。
- 十二月一日升任政工幹部學校少將校長。
- 校長一職任期至民國四十九年五月十六日，歷時四年又五個半月，期間著有重大績效者：

  一、研究並爭取政工幹校改制。民國四十五年十一月獲教育部核定為二年制專科教育。民國四十九年三月獲教育部核定為四年大學教育。為政工教育學制奠定基礎；

  二、研究政治作戰理論，將政治作戰分類定位為六大戰，分別為：思想戰、情報戰、心理戰、謀略戰、組織戰、群衆戰，正式建立政治作戰理論體系；

  三、民國四十九年四月完成《政治作戰概論》初稿，並於同年出版。

民國四十九年（西元一九六〇年）

- 45歲。
- 五月四日奉總統命令率陳祖耀、陳禔赴越南官式訪問。
- 五月十六日奉調國防部總政治部少將副主任。

民國五十年（西元一九六一年）

- 46歲。
- 元月晉升國防部總政治部中將副主任。
- 九月十六日升調國防部總政治部中將副主任（執行官）。

民國五十二年（西元一九六三年）

- 48歲。
- 二月一日奉命兼任三軍聯合月刊社中將編輯委員。
- 八月十六日國防部總政治部改名稱為國防部總政治作戰部，改任為（上將編階）中將副主任（執行官）。
- 八月手著《俄帝侵華策略之研究》初版發行。

民國五十四年（西元一九六五年）

- 50歲。
- 元月暨八月再次應邀訪問越南，並與美國駐越軍援司令部總司令魏摩蘭（William. C. Westmoreland）晤談，建議魏摩蘭三點，魏摩蘭全盤接受：

一、協助越南建立政治作戰制度；

二、支持越南成立政治作戰學校，訓練政治作戰幹部；

三、為越南建立一座電視臺，加強宣導反共觀念。

- 四月籌組「國軍新文藝運動輔導委員會」。
- 四月八日在北投復興崗召開第一屆國軍文藝大會，由先總統蔣公親臨主持，確定「倫理、民主、科學」為國軍新文藝運動總目標。
- 設置「國軍文藝金像獎」。
- 四月十一日應邀訪問美國，隨行有鄭學稼教授，先後與華盛頓、紐約、波士頓附近各大學中國問題專家舉行座談。
- 八月二十八日，代表中華民國政府與越南政府簽署協定，成立「中華民國駐越軍事顧問團」。
- 十月八日由鄧定遠中將率領十五名軍官組成之顧問團抵達越南。
- 十月二十八日為五十歲誕辰，衆多門生故舊集會慶生祝嘏。

民國五十五年（西元一九六六年）

- 51歲。
- 九月二十九日訪問日本。
- 九月三十日訪問韓國。
- 九月向國防部蔣經國部長爭取同意，將國軍福利工作由聯勤總部改歸國防部直接管理，成立福利總處。

民國五十七年（西元一九六八年）

- 53歲。
- 十一月二十二日赴越南訪問。

民國五十八年（西元一九六九年）

- 54歲。
- 對國軍政治教育進行政策性改革專案研究，將國軍政治教育改為「空中教學」方式，成立專責電視臺，製播政治教育節目，國軍各連隊（含各任務特殊單位各據點）定期收視。此種比照先進國家空中教學模式，有以下優點：

  一、選擇最優秀學者專家擔任教席，取代以往各連隊級由政戰幹部擔任政治教育教官，大幅提昇教育水準；

  二、教學型式多樣化，不致枯燥無味；

  三、增加電影及綜藝節目，兼收寓教於樂之效；

  四、統一教學，說法一致，可避免「人之不同，說法各異」的弊病。
- 研究案中有待克服之困難：

  一、設立專業電視臺之不易，如：頻道如何取得，人才如何募集及培訓，經費之如何取得；

  二、各連隊之電視機數量龐大，保養維護不易，部分地區收視障礙，易形成教育死角。

● 此項劃時代專案研究，在「無人、無錢」一切從「零」開始，在萬難中努力進行，為國軍政治教育樹立劃時代里程碑。

● 五月十一日應邀赴韓國訪問考察韓國經濟建設。

● 八月邀美國學者——〈康隆報告〉起草人史卡拉賓諾來臺訪問，並安排史卡拉賓諾與經國先生見面，使史氏成為中華民國的友人。

民國五十九年（西元一九七〇年）

● 55歲。

● 七月一日總統命令晉升二級上將。

● 七月十四日會見美軍駐越南司令魏摩蘭上將。

民國六十年（西元一九七一年）

● 56歲。

● 十月三十一日中華電視臺正式成立，國軍政治教育「莒光日」正式進入空中教學時代，為國軍官兵精神教育樹立新的里程碑。（中華電視臺之成立，完全從無到有，從零出發，其間困難重重，堅持鍥而不舍克盡全功。華視成立後，毫不居功，此種謙讓的精神，衡之古今，亦不多見。）

● 九月手著《國父思想》出版，為教育部正式列為「大學用書」。

民國六十一年（西元一九七二年）

- 57歲。
- 八月二十四日接受越南公使阮文矯，代表政府頒授越南三等保國勛章。

民國六十二年（西元一九七三年）

- 58歲。
- 自四月起，以一個月時間，至空軍各基地主持空勤官兵懇親會暨「知敵座談」。六月手著《三民主義研究》出版，九月手著《三民主義與其他主義比較研究》出版，均為教育部列為大學用書。
- 七月代表國防部向行政院月會，報告國軍心戰工作概況。

民國六十三年（西元一九七四年）

- 59歲。
- 十月二十二日巡視飛彈部隊。
- 十二月七日巡視海軍第二艦隊。

民國六十四年（西元一九七五年）

- 60歲。
- 四月四日總統命令調升國防部總政治作戰部二級上將主任。
- 六月二日應史卡拉賓諾教授邀請第三次赴美訪問。
- 就任總政戰部主任後，於七月開始，巡視陸海空三軍各單位暨金門馬祖各離島重要據點。

民國六十五年（西元一九七六年）

- 61歲。
- 三月出版《領袖與國家》（初版）。
- 四月十八日，乘海軍「建陽」軍艦遠赴南沙太平島慰問駐軍，此為太平島開始派駐國軍以來，慰問駐軍最高階首長。駐軍官兵極為感動。
- 同行者有：蔣孝武、陸戰隊副司令羅張、辦公室參謀主任盧之學。建陽艦長為海軍上校王鶴樓。

民國六十六年（西元一九七七年）

- 62歲。
- 六月十二日至六月二十三日，分別赴日本與南韓作為期十一日官式訪問。
- 七月二十一日赴金門主持方東美教授海葬典禮。
- 七月二十六日赴革命實踐研究院講授「中國近代史」。

民國六十七年（西元一九七八年）

- 63歲。
- 一月十八日主持國軍文藝大會，指出「文藝」與「武藝」相互之間的關係；並宣示「文以載道」為「國軍新文藝之主軸」。
- 三月三十一日主持「國軍政治教育會議」，堅持政治教育必須結合時代潮流，充分發揮電子傳播媒體之功能，精進「莒光日」電視教學內容與方式。
- 五月三十日為國畫大師張大千祝嘏。

- 七月一日手著《談知識分子的責任》出版。
- 七月二十九日赴東沙群島慰問官兵。
- 十一月四日總長宋長志代表總統頒授三等雲麾勛章以示酬庸功績。

民國六十八年（西元一九七九年）

- 64歲。
- 八月十四日接見政校遠朋班南美學員，並聽取對教育內容之建議，為爾後遠朋班召訓對象及教育內容定調。

民國六十九年（西元一九八〇年）

- 65歲。
- 一月二十九日蔣經國主席於中常會後召見，賦予全面展開對敵鬥爭的責任。辭之再三，未獲同意，此為「劉少康辦公室」成立之起源，影響日後甚鉅。
- 六月一日手著《我所瞭解的蔣總統經國先生》出版。
- 十二月十九日陪同臺北各報社長訪問金門。

民國七十年（西元一九八一年）

- 66歲。
- 一月二十七日再度慰問東沙群島駐軍。
- 五月十一日為就任總政戰部主任後首次訪問南韓。

民國七十一年（西元一九八二年）

- 67歲。
- 五月十四日接見美國中情局CIA國家情報主席羅文。
- 六月九日分別會見中美「中國大陸問題」研討會中美雙方代表交換意見。
- 十一月五日會見美國中情局CIA主任克瑞斯。
- 十二月二十八日會見馬來西亞政戰部主任邢賽上將，此為中馬兩國軍事高階將領首次會談。

民國七十二年（西元一九八三年）

- 68歲。
- 三月二十五日陪同基督教長老教會牧師訪問軍中暨金馬前線，此次訪問，能力促成行，為開明立場具體說明。
- 三月應「美國在臺協會」再三邀請訪問美國，此為第四次訪美。在接受訪美之前曾向蔣經國總統請示「可否婉拒？」蔣總統當時裁示「不必拒絕，仍應接受邀訪」，但蔣當時又連說兩次「這是政治問題」，用意不明，費人思索，然此次訪問為爾後遭受猜忌與誹謗埋下種因。
- 四月二十二日蔣經國總統召見，指示撤銷「劉少康辦公室」，終止一切運作。
- 五月十六日奉調國防部聯合作戰訓練部上將主任。
- 在正式發布命令之前，於五月十三日至臺灣南部海軍陸戰隊司令部，對三軍重要政戰幹部講話惜別。

- 五月十四日至復興崗對北部政戰幹部講話惜別。
- 八月十六日行政院長孫運璿約見明示派駐巴拉圭。
- 九月四日外交部長朱撫松約見，並告知出任巴拉圭大使，已去函巴拉圭徵求同意。
- 十月五日中國國民黨中常會通過任駐巴拉圭特命全權大使案。
- 十月三日蔣經國總統召見告知派駐巴拉圭，師生交談四十分鐘。
- 派駐巴拉圭任命發布後，國之大老張群親筆書寫「是非審之於己，誹譽聽之於人，得失安之於數」以示慰勉。
- 十一月十六日偕夫人熊慧英女士，啓程赴巴拉圭任所。當天離開國門，隨行僅參謀王耀華、侍從張席珍，在洛杉磯停留一晚，行程蒼涼，心情悲壯。
- 十一月二十二日向巴拉圭總統史托斯納爾呈遞到任國書。
- 十一月二十四日巴拉圭總統派武官至大使館面邀參加巴國陸軍軍官學校畢業典禮。
- 十二月十日巴拉圭曾在遠朋班受訓之同學設盛宴歡迎。此事雖屬個人事件，卻證明遠朋班教育影響之深遠。

民國七十三年（西元一九八四年）

- 69歲。
- 二月三日設於巴拉圭亞松森市之「中正紀念公園」正式啓用，巴國總統史托斯納爾親臨為蔣公銅像揭幕，巴國政要參加盛典。
- 為參加國民黨二中全會，於二月九日啓程返國，十二日返抵國門，十四日參加二中全會開幕。
- 二月十五日二中全會推舉蔣主席經國先生為中國國民黨參選第七屆總統候選人。
- 二月十六日參加外交部使節會議。
- 二月二十五日蔣總統經國先生單獨召見，關心安全，並以當年復興關講的一句話相勉：「大丈夫把命交天。」
- 四月二十七日接待郝柏村總長夫婦至巴拉圭亞松森訪問。
- 五月二十日在大使館舉行慶祝中華民國第七任總統副總統就職典禮各項慶祝活動。

民國七十四年（西元一九八五年）

- 70歲。
- 三月六日接待中華民國特使團訪問巴拉圭（特使團係祝賀烏拉圭新總統就職，順道訪問巴國）。
- 三月十八日主持巴拉圭孔教中心破土典禮。

- 十一月二十七日晉見巴拉圭總統史托斯納爾面遞蔣總統邀請書，邀請巴拉圭總統於翌年雙方協商時間訪華。當場提出三點意見：
  一、引渡條約希望年底在臺北簽訂；
  二、工業區及農業實驗村計畫請其核定；
  三、請巴國電視臺編輯巴國進步影帶中文發音，準備其訪華期間播放。

民國七十五年（西元一九八六年）

- 71歲。
- 二月二十七日以特命全權大使身分與巴拉圭外交部長對引渡條約進行草簽。（此為生平第一次簽署國際條約）。
- 三月十二日受洗為基督徒。
- 三月二十九日自巴拉圭返國參加中國國民黨三中全會開幕式，蔣主席親自主持，致詞內容為「中國之統一與世界和平」。
- 四月二日出席外交部使節會報。
- 同日下午總統召見垂詢巴拉圭工作情形，藉此機會向總統報告，自己的人格是不會搞小組織的，將來歷史可以證明。
- 四月二十四日〈中巴引渡條約〉正式簽訂，此為使巴四年奮鬥的成果。
- 十月三十一日先總統蔣公百年誕辰，亞松森蔣介石元帥大道落成暨蔣公銅像揭幕，巴國總統親臨主持。

民國七十六年（西元一九八七年）

- 72歲。
- 六月二十六日〈中巴引渡條約〉換文。
- 十一月十八日主持我國贈巴拉圭軍品交接儀式，巴總統史托斯納爾親臨現場參加。
- 二月二十四日覆昔日老友易勁秋長信，其中有數語摘錄如下：

一、自省既無斬將之功，亦乏帷幄之獻，官拜上將，雖告退除，內心仍有慚愧。

二、半世紀戎馬生涯，國難正殷，而年不我予，奈何，奈何！

三、遙望神州，生靈塗炭，何時再仗劍平魔，何地能馬革裹屍，徒淚溼青霜耳。

四、赤燄尚綿延，蝸牛角上爭，將軍傳解甲，何處可歸田。

民國七十七年（西元一九八八年）

- 73歲。
- 一月十三日蔣總統經國先生崩逝，大使館設置靈堂守靈。
- 一月十四日巴拉圭總統史托斯納爾親率國防部長、參謀總長、第一軍長、訓練司令、後勤司令、參軍長、三軍武官至大使館靈堂簽名、獻花、致祭，並致唁慰之詞，隨後巴國政要，旅巴僑胞均陸續前來致唁。
- 是日親撰輓聯，詞曰：

五十年患難追隨，恩深瀛海。

八千里山河待復，痛隔人天。

- 一月十七日外交部來電：「各駐外使節暫不回國奔喪。」
- 一月三十日故總統蔣經國今日大殮奉厝，未能回國奔喪，未能一睹遺容，內心之痛，難以言宣。其自我反省半世以來歲月中，種種真情流露。轉錄如下：

一、由於我的愚庸，不知多少地方使他生氣與惱怒。

二、由於我的愚耿，不知多少地方得他的原宥與諒解。

三、由於我不善應付，不知多少挑撥離間破壞，增加他的困擾。

四、由於我不善逢迎，有時無禮的爭辯，得他的大度不加計較。

五、半世紀來我雖無能，亦極少對自己有所要求，但不知多少工作的機會得他的信任與支持，讓我一直忙不可輟。現在他已經真的丟下我走了，我不知道痛苦中應該悔改？應該湧退？應該堅強？

- 七月四日返抵國門，立即赴大溪頭寮，向蔣故總統經國先生靈寢致敬。
- 七月十二日國民黨十三全大會中被提名為中央委員候選人，選舉結果當選（名列第四十七名）。
- 八月十四日接待中華民國特使團來巴拉圭祝賀巴總統就職，特使團長為行政院長俞國華。

民國七十八年（西元一九八九年）

● 74歲。
● 二月三日晚九時，巴拉圭發生武裝政變，史托斯納爾總統被罷黜，由羅格里斯就任臨時總統。大使館人員均安。
● 五月二十九日返國參加二中全會。
● 六月十二日以中華民國駐巴拉圭特命全權大使身分，至立法院列席報告「中巴外交關係」，並接受立法委員質詢。

民國七十九年（西元一九九〇年）

● 75歲。
● 二月八日返抵臺北參加國民黨臨時中全會，推舉第八屆總統副總統候選人。
● 繼二月九日之後，於二月二十日李登輝總統再度召見，當時坦率建言勸李「要氣度大，要忍耐」，並用《聖經》上的話相勸：「忍耐生老練，原諒七次不夠，要七個七十次。」獲得誠懇的保證。三月五日至慈湖、大溪，向蔣公暨經國先生陵寢致敬，下午啓程返巴任所。
● 六月十八日陪同巴拉圭總統羅格里斯訪華。

民國八十年（西元一九九一年）

● 76歲。
● 五月十三日致函行政院長郝柏村，首度表達辭意，並表明如果國內政治環境不能相容，願流亡海外。

- 七月二十四日外交部特急極密電報，准予辭職，要求大使館立即照會巴拉圭外交部，徵求接任人的同意。
- 九月十九日巴國外長代表政府授勛，典禮中第一次以西班牙語致謝詞，九月二十四日卸任駐巴拉圭大使離巴返國。

民國八十一年（西元一九九二年）

- 77歲。
- 五月九日成立「中國現代化學術研究會」籌備會，並於翌日於臺北世貿大樓召開第一次董事會籌備會議。
- 七月十八日財團法人促進中國現代化學術研究基金會正式奉准成立，被推舉為董事長。

民國八十二年（西元一九九三年）

- 78歲。
- 八月二日主持「中國現代化學術研討會」第一屆大會開幕典禮。
- 本次會議在臺北圓山大飯店舉行，到會學者專家包括：中國地區、海外地區、臺灣地區共計一百餘人。會中由中央研究院前院長吳大猷博士暨中國社科院副院長劉吉分別發表主題演講。會中分組討論：家庭現代化、社會現代化、教育現代化、經濟現代化四項主題。會期三天，會後中國學者代表團安排參觀訪問臺灣名勝。

民國八十三年（西元一九九四年）

- 79歲。
- 八月二十三日至二十四日「促進中國現代化學術研究基金會」組團赴北京參加「中國現代化學術研討會議」第二屆會議，因在美國私人訪問，無法親往參加，特以書面致詞向大會致意。

民國八十四年（西元一九九五年）

- 80歲。
- 八月二日主持「中國現代化學術研討會」第三屆會議，於開幕式致詞內容有如下重點：
  一、新倫理建設問題——現代化的基礎問題；
  二、人口如何解決問題——現代化的瓶頸問題；
  三、經濟發展如何加速問題——現代化條件問題。
- 以上列三者如不解決，則成為現代化的障礙。
- 八月二十九日尼洛著《王昇——險夷原不滯胸中》正式出版，《聯合報》大篇幅報導。
- 九月一日主持中央各軍事院校校友會紀念抗戰勝利五十周年音樂會並致詞，由華視全程轉播。

民國八十五年（西元一九九六年）

- 81歲。
- 七月十一日應菲律賓僑社邀請，赴菲馬尼拉對僑胞作兩場專題講演，並舉行座談。
- 十一月十日啓程經香港轉上海，率臺灣學者代表團參加第四屆「中國現代化學術研討會」，此行為離開中國後第一次回到上海，憶及當年隨經國先生「上海打老虎」，感慨萬千。
- 十一月十一日「中國現代化學術研討會」第四屆會議開幕，由中國海協會長汪道涵主持並致詞，會前與汪道涵會談半小時，中國學者代表團長為劉吉。本次會期兩天，會後參訪昆山、蘇州、南京、謁中山陵。
- 十一月二十五日返江西故園掃父母親墓。此為離開中國以後，第一次返鄉掃墓，一時感慨萬千，賦詩一首：

  回鄉掃墓淚滿襟，祭祀何須論假真？
  不敢塋前訴家事，九泉猶恐累親心。

  蓋祖塋早被剷平，而眼前所祭祀者乃偽墓耳。

民國八十六年（西元一九九七年）

- 82歲。
- 一月二十五日赴南韓參加「中韓文化基金會」年會，會後曾與盧泰愚會談，盧曾透露其「北進」政策，企圖與俄共、中共修好，不惜與我斷交。

民國八十七年（西元一九九八年）

- 八月五日主持「中國現代化學術研討會」第五屆年會開幕式，中國派海協會副祕書長劉剛奇，以顧問身分隨學者團出席。會後中國學者代表團赴各地參訪，重點包括：臺灣實行「全民健保」情形、臺灣農試所「特種生物中心」。
- 八月二十五日參加中國國民黨第十五次全國代表大會。
- 83歲。
- 一月九日應黨史會之邀，參加口述歷史。
- 八月三日啓程飛香港轉烏魯木齊、吐魯番，抵達蘭州參加「中國現代化學術研討會」第六屆年會。與海協會常務副會長唐樹備晤談，交換「如何開發大西北」有關意見，會後轉西安參觀訪問。

民國八十八年（西元一九九六年）

- 84歲。
- 八月二日在臺北圓山大飯店主持「中國現代化學術研討會」第七屆年會開幕式並致詞，讚揚以往六屆年會海峽兩岸學者專家，對中國的現代化取得良好的共識，並且與實務相結合有歷史性的貢獻。會後中國學者代表團參訪證交所、農會、中鋼公司。
- 十月二十八日八十四歲生日，於書篋中重見國學大師南懷瑾先生為七十二年奉派巴拉圭大使一事，贈詩兩首以示惜別，茲誌於後：

〈七律〉

萍水交情二十年，泥塗軒轅有前緣。
江山本是無情物，人物何妨不世傳。
南渡風流思王導，中原哀樂憶臨川。
驪歌應莫輕憂患，把酒凌空一哂然。

〈七絕〉

如水交情二十年，始終道義亦堪傳。
離亭聽唱朝中措，持節青雲別有天。

民國八十九年（西元二〇〇〇年）

- 85歲。
- 四月十四日中華民國總統當選人陳水扁至臥龍街寓所探訪，晤談三十分鐘。曾當面直告陳政戰工作在國軍中的重要性，特別說明政戰工作對國軍的重要貢獻。並請陳瞭解三軍官兵忠於中華民國，一向不支持「臺獨」的事實。
- 四月十五日啓程赴美，作私人訪問。
- 四月二十八日鄧祖琳上將發表為國防部總政治作戰局局長。

民國九十年（西元二〇〇一年）

- 六月十三日赴中央黨部參加中央評議委員主席團會議，大家一致支持連戰代主席領導黨的改造。
- 八月三日啓程赴香港轉機至大連，參加「中國現代化學術研討會」第八屆年會，並出席開幕式致詞，會期兩天，會後參訪瀋陽、長春、長白山、鏡泊湖，中途轉飛北京參觀故宮。後再飛哈爾濱繼續參訪行程。
- 九月三日（軍人節）親筆寫專函致陳水扁總統，堅辭國策顧問（無給職），並派專人送達總統府。當晚陳水扁總統派總統府祕書長專程至臥龍街住宅，將國策顧問聘書再度送回，並表示慰問之意。
- 86歲。
- 八月八日主持「第九屆中國現代化學術研討會」開幕式，並致詞強調「九年以來，基金會推動海峽兩岸學術交流，促進兩岸文化融會，已產生難以估計的催化作用，相信歷史會證明並肯定大家所付出的努力。」
- 本屆學術研討會由「促進中國現代化學術研究基金會」主辦，會期兩天，中國參與學者二十五人，由遼寧大學校長程偉博士領隊，會後至中南部參觀經濟建設。

民國九十一年（西元二〇〇二年）

- 87歲。
- 三月二日主持「促進中國現代化學術研究基金會」第四屆第二次董事會，會中決議案有二。

【第一案】

第十屆「中國現代化學術研討會」輪由中國海協會主辦，會議日期為八月五日至八月十五日，會議地點為雲南昆明，會議主題定主軸為「兩岸加入WTO後，如何因應之道」。

【第二案】

為加強海峽兩岸學術文化交流，擴大海峽兩岸互動，計畫邀請中國學術文化界人士來臺參訪，參訪重點：一、大專院校；二、學術研究機構；三、經濟及民生建設；四、名勝古蹟。

- 八月八日率臺灣學者代表團飛香港轉昆明，參加第十屆「中國現代化學術研討會」，並於開幕式致詞，稱許十年來歷屆學術研討會之成果，及對海峽兩岸學術交流之具體貢獻。

民國九十二年（西元二〇〇三年）

- 88歲。
- 三月二十九日主持「中國現代化」學術叢書編印籌備會議，決定成立編審小組，將歷屆學術研討會所發表之學術論文（總計兩百五十餘篇，約兩百八十餘萬言），分別就：國民、家庭、社會、教育、經濟、政治等六大類，分類彙整摘其精華，編輯成冊，訂其總名為「現代化研究」，並定期年內印行。

- 十月三十日先總統蔣公誕辰前一日，主持《現代化研究》新書發表。《現代化研究》分上、下兩鉅冊，七十餘萬言，（另印《政治現代化》別冊一種）分別向國內、中國、港澳、韓國、日本等地擴大發行，深獲學術界之重視與好評。
- 十月二十八日門生故舊集會為「米壽」慶祝，並於報刊發表專文祝壽。

民國九十三年（西元二〇〇四年）

- 89歲。
- 一月十三日接受香港鳳凰電視臺專訪，為紀念經國先生發表感言，並敘述追隨經國先生之諸多事實，本項訪問於《青年日報》同步刊出全文。

民國九十四年（西元二〇〇五年）

- 90歲。
- 八月八日率臺灣學者代表團赴廈門，出席「第十一屆中國現代化學術研討會」，並於開幕式致詞，對廈門於「改革與開放」後各項建設之進步深表贊許。從廈門隔海遙望金門，感慨萬千。
- 十月二十日接受名作家段彩華專訪，暢談出使巴拉圭之經過，並對經國先生深表懷念。

• 十二月十四日接受東森電視臺訪問，談當年追隨經國先生在上海進行經濟管制之情形（即俗稱「上海打老虎」）。

民國九十五年
（西元二〇〇六年）

• 91歲。

Do歷史92　PC1130

見證時代：

王昇近身參謀王耀華訪談及回憶錄

作　　者／王耀華
主　　編／蘇聖雄
責任編輯／邱意珺
圖文排版／陳彥妏
封面設計／王嵩賀

出版策劃／獨立作家
發 行 人／宋政坤
法律顧問／毛國樑　律師
製作發行／秀威資訊科技股份有限公司
地址：114 台北市內湖區瑞光路76巷65號1樓
電話：+886-2-2796-3638　傳真：+886-2-2796-1377
服務信箱：service@showwe.com.tw
展售門市／國家書店【松江門市】
地址：104 台北市中山區松江路209號1樓
電話：+886-2-2518-0207　傳真：+886-2-2518-0778
網路訂購／秀威網路書店：https://store.showwe.tw
國家網路書店：https://www.govbooks.com.tw

出版日期／2024年10月　BOD一版
2024年11月　BOD二版　定價／390元

獨立作家
Independent Author
寫自己的故事，唱自己的歌

讀者回函卡

見證時代：王昇近身參謀王耀華訪談及回憶錄/
王耀華著. -- 一版. -- 臺北市：獨立作家,
2024.10
面；　公分. -- (Do歷史；92)
BOD版
ISBN 978-626-97999-8-5(平裝)

1.CST: 王耀華 2.CST: 傳記

783.3886　　113011138

國家圖書館出版品預行編目